U0693299

诗文名句故事绘

增广贤文

名句

丁伟／编译

天地出版社 | TIANDI PRESS

图书在版编目（CIP）数据

《增广贤文》名句/丁伟编译. —成都：天地出版社，
2013.1（2020.5重印）
（国学名句故事绘）
ISBN 978-7-5455-0781-2

Ⅰ.①增… Ⅱ.①丁… Ⅲ.①《增广贤文》—名句—鉴赏
Ⅳ.①B194.1

中国版本图书馆CIP数据核字（2012）第209563号

《ZENG GUANG XIAN WEN》MINGJU

《增广贤文》名句

出品人 杨 政

作　者　丁　伟　编译
策　划　李　云
组　稿　李　云　漆秋香
责任编辑　漆秋香
责任校对　张思秋　等
封面设计　云文书香
电脑制作　跨　克
责任印制　白　雪

出版发行　天地出版社
　　　　　（成都市槐树街2号　邮政编码：610014）
　　　　　（北京市方庄芳群园3区3号　邮政编码：100078）
网　址　http://www.tiandiph.com
电子邮箱　tianditg@163.com

印　刷　北京兴星伟业印刷有限公司
版　次　2013年1月第一版
印　次　2020年5月第六次印刷
成品尺寸　160mm×215mm　1/28
印　张　5
字　数　88千
定　价　15.00元
书　号　ISBN 978-7-5455-0781-2

前　言

　　《增广贤文》，又称"昔时贤文""古今贤文"，在明朝万历以前就已经广泛流传，被认为是民间集体创作的结晶。《增广贤文》全书三千八百字左右，将各个时期流行的格言俗语按照韵部进行编排，句式长短不一，灵活多变，朗朗上口；所收录的格言俗语，有的来自经史诸子，有的来自童蒙家训著作，有的来自宋元以来的通俗文学，有的来自民间口口相传的民谣谚语……阐述了处世、修身、治学、持家、交友等方面的内容，是中国古人处世智慧的集大成者。

　　此次，《增广贤文》被收入"国学名句故事绘"第二辑丛书中。因其内容丰富，知识量大，考虑到普及的需要，编者选取了其中最具代表性的66则名句，逐条释义、明理、讲故事，辅之古画碑帖，以供读者阅读、赏析。作为具有人生教益的国学普及读本，编者衷心期望这套书能对读者朋友的生活、学习有所裨益。

修身篇

増广贤文

名句·目录

治学篇

交友篇

处世篇

增广贤文

名句·目录

持家篇

从业篇

日勤三省，夜惕四知。

【注释】

省（xǐng）：检查自己的思想行为。惕：戒惧，小心谨慎。四知：天知，神知，我知，子知。

【译文】

曾子每天都要从三个方面检查反省自己，杨震深夜能自我警惕，不收意外之财。

【道理】

君子"慎独"，应该像曾子那样自我反省，完善自己；像杨震那样清正廉洁，远离贪欲。

杨震拒金

东汉时期，有一个聪敏好学的人叫杨震，他勤奋刻苦，满腹经纶，被当时的读书人称为"关西孔子杨伯起"。杨震是一个有名的大孝子，为了能专心奉养母亲，拒绝了官府的多次征召，直到五十多岁才出来做官。杨震爱民如子，为官清廉，从来不接受别人的馈赠。日常起居和寻常百姓一样，粗茶淡饭，徒步而行。族里的长辈劝杨震置些产业留给子孙后代，但他说："还有什么能比'清白官吏的后世子孙'的名号更珍贵的呢！"

杨震在任东莱太守时，有一次路过昌邑（今兖州），从前他举荐的荆州秀才王密在此地当县令。夜色降临，王密带着十斤黄金悄悄来到驿馆，想要送给杨震作为见面礼。杨震见王密如此，有些不高兴了，说道："你我号为知己，难道你还不了解我的为人吗？"王密靠近杨震，小声说道："夜深人静，此间只有你我二人，此事无人知晓。"杨震勃然大怒，斥责王密："天知，神知，我知，子知，举头三尺有神明，还说什么没人知道！"原本想要讨好上司的王密，没想到碰了一鼻子灰，只好带着黄金灰溜溜地离去。

后来，这件事传遍了朝野，大家都知道了杨震的清廉正直。在以后二十多年时间里，杨震始终恪尽职守，勤政廉洁，最后官拜太尉，位列三公，被后世称为"四知先生"。

清·居廉《山水图册》（之一）

枯木逢春犹再发，人无两度再少年。

【注释】

犹：还；尚且。再：继续；再出现。两度：两次。

【译文】

枯树遇到春天还能再次发芽，人却不能有两次少年时代。

【道理】

少壮不努力，老大徒伤悲。一定要珍惜时间，不要虚度年华。

孙康映雪

晋朝有个名叫孙康的少年，家里很穷，却十分喜欢读书。由于白天要上山砍柴、下地种田，所以能够用来读书的时间寥寥无几。晚上倒是一个不错的读书时间，可是偏偏孙康家里买不起灯油，所以天一黑，孙康就不得不放下书本，躺在床上闷闷不乐。日子一天一天地过去，孙康心里既着急又无奈，他深知人的一生很短暂，不能利用有限的时间好好读书，实在太遗憾了。

不知不觉地到了冬天。有一天，孙康睡到半夜醒来，突然发现窗缝透进来一丝光亮。他以为天亮了，翻身下床，推开窗户，只觉一股寒气迎面扑来。原来不知什么时候，一场大雪突然降临，附近的山川、林木、房舍披上了一层厚厚的积雪。在月光的照耀下，厚厚的积雪发出幽幽的光。"原来如此！"孙康心想，这雪光不知道可不可以用来照明？想到这里，他马上取出书，走到屋外，借着雪夜的微光如饥似渴地读起来。时值隆冬，正是北方一年里最冷的时节，孙康全部身心都投入到书本里，完全感觉不到刺骨的寒意，不知不觉天就亮了。

从此以后，只要是雪夜，雪地上就有孙康读书的身影。雪夜读书，不仅使孙康学问突飞猛进，也造就了他坚强的意志，最终成为历史上有名的大学问家。而映雪读书也成为一个典故，激励着一代又一代的读书人。

清·陈字《寒林踏雪图》

人老心不老，人穷志不穷。

【注释】

略。

【译文】

人衰老了，心却没有跟着衰老；人虽然走投无路了，志气却没有跟着走投无路。

【道理】

海阔凭鱼跃，天高任鸟飞。只有满怀志气，人生才会变得更精彩。

陈胜胸怀大志

秦朝末年，有一个叫陈胜的年轻人，出身农家，以帮人种地为业。有一次休息的时候，陈胜躺在地上，望着天空，幽幽地说："假如我们中间有人将来发达了，一定不要忘记曾经一起劳动过的好朋友！"周围的人听了哄然大笑："我们祖祖辈辈都是给人种地的，怎么可能会有荣华富贵的那一天呢！快别做那不切实际的白日梦啦！"陈胜感到很无奈，叹道："唉！都说燕雀不知道鸿鹄的志向，你们这群庸庸碌碌的人怎么可能知道我的志向呢！"

当时正值秦二世即位不久，陈胜被征调到北方服劳役。在赶往北方的路上，天降大雨，道路泥泞，耽误了行军日期。按照秦朝的律法，陈胜等人都应当被处死。与其白白送死，倒不如以死相搏，也许

増广贤文

名句·修身篇

还有一线生机。于是陈胜心一横，率众杀死了看守将领，振臂一呼，揭竿而起，喊出"王侯将相，宁有种乎"的口号，揭开了反抗暴秦统治的序幕。经过艰苦卓绝的战斗，陈胜最终自立为王，建立了中国历史上第一个农民起义政权，沉重打击了秦王朝的统治。虽然陈胜领导的农民起义最终失败了，但他的故事被司马迁大书特书，成为中国历史上最辉煌灿烂的一部分！

宋·马远《水图之五——长江万顷》

将相头顶堪走马，公侯肚里好撑船。

【注释】

堪：能够，可以。

【译文】

宰相头顶上宽阔得可以跑马，

公侯肚子里宽敞得可以撑船。

【道理】

要想成就一番大事业，必须拥有宽广的胸怀。

陆逊宽厚容人

三国时期，东吴大将陆逊是个智勇双全、颇具谋略的常胜将军。他攻城拔寨，屡建奇功，而且宽容大度，公私分明，因而深受孙权信赖。

有一次，孙权打算提拔一些地方官员，准备委以重任。陆逊推荐了淳于式。孙权很不理解，问道："淳于式告你恶状，你为何还推荐他？"原来淳于式在做会稽太守期间，曾给皇帝上了一道奏疏，大意是陆逊在会稽平定山匪叛乱期间，大肆征兵，聚敛民财，百姓怨声载道。此道奏疏在朝中掀起了轩然大波。陆逊微微一笑，说道："淳于式对我的指责也不是完全没有道理。从带兵打仗的角度来说，必须要有充足的兵源和物资。征兵敛财，我有不得已的苦衷。从保养百姓的角度来说，淳于式爱民如子，直言进谏，是一个难得的父母官。即便我与淳于式不和睦，也是私人恩怨，我不能够因私废公。倘若我公报私仇而乱了圣人之德，那将不利于我们东吴的长治久安。"孙权听了，不禁感叹："先生光风霁月，德行非凡人能比，真不愧为我东吴的中流砥柱啊！"

清·曹垣《孤舟击浪图》（局部）

贫寒休要怨，富贵不须骄。

【注释】

怨：埋怨，责备。骄：自满，自高自大。

【译文】

贫困不能怨天怨地，有了钱也不能放纵自我。

【道理】

无论身处贫困还是富贵的境况，都要时时刻刻修身立德。

叔向贺贫

韩宣子身为晋国的卿族，却因为家徒四壁而发愁。好友叔向知道后，却向他表示祝贺。

韩宣子说："我这个晋卿有名无实，贫困不堪，有什么值得你祝贺的呢？"

叔向回答："从前栾武子没有百人的田产，掌管祭祀却连祭祀所需的器具都不全。可是他能够遵循法度，传播美德，于是诸侯亲近他，戎狄归附他，安邦定国平天下，立下不世之勋。再看郤昭子，家族中五人为大夫，三人为卿，财产抵得上半个国库，家里的佣人抵得上半支军队，穷奢极欲，为富不仁，最后落得陈尸朝堂、满门抄斩的下场，没有一个人同情他们，只是因为没有德行的缘故！现在的你像栾武子一样清贫，我认为你应该能继承他的德行建功立业，所以特来表示祝贺。如果你不忧道德之不建，只愁财产之匮乏，我哀怜尚且来不及，哪里还会来向你祝贺呢？"

韩宣子听了，顿时醒悟。于是向叔向下拜，并叩头说："我正在走向灭亡的时候，全靠你拯救了我。不但我本人蒙受你的教诲，所有的韩氏子孙都会感激你的恩德。"

清·方以智《策蹇图》

17

知足常足，终身不辱。知止常止，终身不耻。

【注释】

略。

【译文】

懂得满足的人常常快乐，这样的人一辈子不会遭受耻辱。知道什么时候该停止而停止，这样的人一辈子不会遭受耻辱。

【道理】

做人要保持头脑清醒，该知足的时候知足，该止步的时候止步。

胡九韶知足常乐

胡九韶年轻时家里很穷，他既当乡村私塾教师，又种田耕地，勉强维持着一家人的生计。虽然日子过得非常清苦，胡九韶却感到十分满足，每天晚上都要焚香祷告，嘴中总是念着："感谢上天赐给我的清福。"妻子看到他酸腐的样子，感到又好气又好笑，忍不住讥讽道："一日三餐，顿顿都是菜粥，这算得上哪门子的清福啊！"胡九韶听了，莞尔一笑，说道："你我有幸生在太平盛世，不遭受兵荒马乱之苦；一家人骨肉相聚，没有饥寒冻馁之忧；家里既没有卧床病人，又没有在狱囚犯，生活能够如此平安，这难道还不算人间清福吗？"

虽然处境贫寒，胡九韶总能保持达观知足的心态。他勤奋好学，刻苦读书，始终坚持自己的治学兴趣和理想。经过多年的努力，胡九韶最终成为明初著名的理学家之一。

元·钱选《山水居》（局部）

不做风波于世上，但留清白在人间。

【注释】
略。

【译文】
不在世上兴风作浪搬弄是非，只愿在人间留下清清白白的人品。

【道理】
堂堂正正做人，清清白白做官，这样的人永远受人尊敬。

要留清白在人间

千锤万凿出深山，烈火焚烧若等闲。
粉骨碎身全不怕，要留清白在人间。

这是明朝杰出的政治家于谦所作的一首诗，诗人以石灰为喻，表达了自己清清白白做人的志向。事实上，于谦也是这样做的。

明英宗时，大太监王振把持朝政，肆无忌惮地公开索贿。大小官员争先恐后地献金谄媚，少则白银百两，多则千两万两。于谦每次进京都两手空空，不带任何礼品。有人劝他说："您即便不送金银财宝，难道不能带点土特产？"于谦潇洒地甩了甩他的两只袖子，说："只有清风在此。"不趋附权贵，这是于谦清白人格的体现。

天顺元年（1457），明英宗朱祁镇复辟成功，大举清算前朝旧臣。于谦成了朱祁钰、朱祁镇兄弟俩皇权之争的牺牲品，被人诬陷谋反，含冤而死。于谦被杀之后，他的家照例被抄。抄家的官员到于谦家时非常吃惊，因为他们发现堂堂于少保竟然家徒四壁，除了生活必需品外一无所有。于谦正是用这种实际行动，践行了"要留清白在人间"的人生诺言，世世代代受人敬仰。

元·郑思肖《墨兰图》
郑思肖于宋亡后作兰皆不写土，人问何故，答曰："土为蕃人所夺，汝尚不知耶？"

瓜田不纳履，李下不整冠。

【注释】

履：鞋子。冠：帽子。

【译文】

经过瓜田，不要弯下身去提鞋；经过李树下面，不要举起手来整理帽子。

【道理】

一个人要时刻提醒自己主动避嫌，避免无端的怀疑。

何乔新拒不受金

明朝有个叫何乔新的大臣，为官清廉，从不接受别人的馈赠。他在工部任职的时候，有一次到淮西去察访。当地官员知道这个消息以后，纷纷备好礼物，准备孝敬何乔新。出乎意料的是，何乔新对于送礼者一概不见。有一个叫阎徽的县令，他曾经是何乔新父亲的学生，也带着白银前来拜访。碍于往日情面，何乔新接见了阎徽。一番寒暄之后，阎徽拿出精心准备的礼物，满脸堆笑地说："小小意思，不成敬意。"何乔新的脸色马上沉了下来："你难道不知道我从来不收礼吗！"阎徽见势不妙，马上改口说："这是给我老师祝寿的礼品，还请大人代为收下。""你要为老师祝寿可以，寿礼可由他人转交，通过我那可不行。"何乔新的这一番话说得再明白不过：我何乔新身为朝廷命官，不仅不能私收贿赂，还要主动避嫌。

即便何乔新谨小慎微清廉如此，最后还是被人诬陷——说他私受贿赂。好在他生性恬淡，辞官回家后，藏书校书数万卷，成为有名的藏书家。后来，皇帝知道何乔新是冤枉的，为他恢复了名誉，赠谥号"文肃"，史称何文肃公。

清·柳遇《微雨锄瓜图》（局部）

23

静坐常思己过，闲谈莫论人非。

【注释】

过：错误，过失。非：不对的，不合理的。

【译文】

静处时经常反思自己的过失，闲谈时不要议论别人的过错。

【道理】

认识自己的错误可以不断进步，少谈论别人的是非可以避免招致麻烦。

马援驰书教子侄

东汉伏波将军马援有两个侄子，分别叫马严和马敦。小哥俩生性豪爽，喜欢结交侠肝义胆之士。他们经常聚在一起，喝酒谈天，品评人物，议论时政。马援当时还在前线作战，得知这个消息后，非常忧虑，生怕这两个不知天高地厚的侄子闯出什么祸来。于是他在百忙之中给两个侄儿写了一封言辞恳切的信："古人听见别人的过错，就像听到了父母大人的名字，耳朵听听就算了，绝对不会去妄加议论。议论他人长短，评说朝廷法度，这些都是我最厌恶的。我宁可死，也不希望看到家里子孙有这种行为。我有两个朋友：一个叫龙伯高，为人敦厚谨慎，口无恶语，谦虚朴实，廉洁有威；另一个叫杜季良，为人侠肝义胆，忧人之所忧，乐人之所乐，什么人都结交。我希望你们以龙伯高为榜样，因为即便学他不成，也还可以成为谨慎谦恭的谦谦君子，就是俗话所说的'刻鹄不成尚类鹜'。可是如果学杜季良不成，很容易成为一个举止轻佻的纨绔子弟，那就是'画虎不成反类犬'，会给自己招来杀身之祸。"

马援的谆谆教诲，点醒了马严、马敦两兄弟。自此，他们修身养性、闭门读书，后来德行闻名于天下，被当时的人称为"钜下二卿"。

清·高其佩《虎》

溪壑易填，人心难满。

【注释】
　　壑：深谷，深沟。
【译文】
　　深沟容易填满，人的欲望却永远难以满足。

【道理】
　　人心不足蛇吞象。人不能被无止境的贪欲蒙蔽了内心。

贪得无厌的代价

　　古时候有一户特别贫困的人家，大人小孩一年到头都穿着破衣烂衫，面黄肌瘦，一看就是长期营养不良的结果。可即便穷成这样，这家的主人却一直供奉着洞宾老祖，特别是神龛前面供奉的清油常换常新，而且他还朝夕祷告，从不间断。

　　一天，洞宾老祖终于被他的诚意所感动，从天上降到他家。老祖看见他家一贫如洗，不禁心生怜悯，于是伸出一根手指，指向庭院中一块石头，石头一下变成了同样大小的一堆黄金。"你想要它吗？"老祖问他。那个人拜了两拜，摇摇头说："不想要。"老祖又变出更大的一堆黄金，那个人还是说不想要。老祖非常高兴，以为这个人不贪婪，没有私心，具备修道潜质，打算收他为徒："不错，我可以收你为徒，传授清修之法了。"那个人头摇得更厉害了："不，我只想要你那根点石成金的手指头。"老祖一听，气得七窍生烟，立刻消失不见了。那个人见老祖不见了，只好转过头来看院中的两堆黄金，可映入他眼帘的却还是那不名一文的石头。这个穷人为他的贪得无厌付出了代价，从此以后，无论他怎么虔诚祈祷，洞宾老祖再没显过灵。

清·吴琪《松石图》

责人之心责己，爱己之心爱人。

【注释】
责：要求做成某件事或行事达到一定标准。

【译文】
用要求别人的标准来要求自己，用喜爱自己的态度去喜爱别人。

【道理】
人要学会设身处地地换位思考，推己及人。

晏婴劝景公

有一年冬天，齐国下了三天三夜的大雪，整个世界银装素裹，就像冰雕玉砌一般。齐景公披着狐皮袍子坐在厅堂里欣赏雪景，大夫晏婴走了进来。他站在景公旁边，若有所思地望着眼前的景色。景公兴致正浓，对晏婴说："今年天气真怪，下了三天大雪，竟然一点也不觉得冷。"晏婴反问道："真的不冷吗？"景公没听出晏婴话里有话，不假思索地说："当然不冷。我又不是小孩子了，难道连冷热都分不出来吗？"晏婴见景公只顾自己安乐，全然不顾百姓饥寒，便苦口婆心地劝说道："我听说古代贤君自己吃饱了要去想想也许有人还饿着，自己穿暖了要去想想也许有人还冻着，自己安逸了要去想想也许有人还在劳累着。可是君王你却不懂得为别人着想啊。"景公听了晏子的话，觉得很有道理，于是下令拿出一部分衣服和粮食分给受饥寒的百姓。

晋·顾恺之《女史箴图——卫女矫桓》（局部）
齐桓公夫人卫姬静听钟磬之声，以劝诫齐桓公不要陷入靡靡之音。

君子安贫，达人知命。

【注释】

略。

【译文】

人格高尚的人安守贫穷，通晓事理的人知道天命所在。

【道理】

做人应该有自己的底线，不以外部环境的变化而改变自己的节操和志趣。

原宪安贫乐道

春秋时期，孔子有个学生叫原宪，他勤奋好学，品性高洁，因为不愿做官，便和家人在卫国过着隐居的生活。原宪一家的生活非常清苦：两间低矮的小草房，好像随时都要垮掉；一扇木门吱吱嘎嘎乱响；房子里没有窗户，大白天屋子里也是昏黑一片。这样的房子既不能遮风也不能挡雨，可是原宪却一点也不在乎，每天看书写字，弹琴唱歌，从他脸上一点也看不出抱怨和不满。

有一天，孔子的另一个学生子贡因受朝廷所派，骑着高头大马打这里经过，顺便来看望这个同门师弟。子贡此时已经做了大官，当他看到原宪穿着满是补丁的粗布衣服，脚下穿着草鞋，挂着一根拐杖，满脸菜色，就故作关切地问道："老朋友，你怎么落到这个地步，脸色这么难看，是不是得什么病了啊？"原宪看到子贡趾高气扬的神态，心中颇不以为然，说道："古人说过，财产匮乏是穷，学习君子之道而不能造福百姓才是病，所以我只能算是穷人，而不是病人。我不像某些人，违背君子之道迎合权贵，只顾谋取个人私利！君子安贫乐道，这才是我的人生追求。"子贡听罢，开始的那点优越感瞬间荡然无存，似乎被原宪点出了心病，满脸羞愧地离开了。

清·华嵒（yán）《归庄图》

是非朝朝有，不听自然无。

【注释】
　　略。
【译文】
　　赞美和诽谤每天都有，如果你

不去听它，自然就没有了。
【道理】
　　身正不怕影子斜，不要在意别人嘴里的是是非非。

吕蒙正不计较毁誉

　　北宋初年有个读书人叫吕蒙正，年纪轻轻就考中了状元。他知识渊博，清正廉洁，深受皇帝器重。吕蒙正虽然官位节节高升，可是他虚怀若谷，对别人的赞美和诽谤从来都是一笑而过。

　　有一天，吕蒙正上朝议事，有个官员在他背后指指点点，愤愤不平地对别人说："就这小子竟然也能当上参知政事（官职相当于副宰相），真是苍天无眼啊。"声音虽然很小，却清清楚楚地传到吕蒙正的耳朵里。可吕蒙正好像什么事情也没有发生一样，继续向前走去。和吕蒙正一起上朝的官员们感到愤愤不平，都想去查个究竟，看看是谁这么大胆，竟然在背后肆无忌惮地说人坏话。吕蒙正摇手制止，对他们说："算了，那人说我的坏话，对我没有损失，如果我执意要去查，知道了谁在说我的坏话，那我就会永远记住他的姓名。这样一

32

来，就扰乱了我宁静的心，对我又有什么好处呢？赞美和诽谤这种东西，天天都有，行得正坐得端，计较那些只是自寻烦恼罢了！"

宋·佚名《八相图》（局部）

唐德宗时，郭子仪被尊为尚父。

芝兰生于深林，不以无人而不芳；
君子修其道德，不为穷困而改节。

【注释】
　略。
【译文】
　芝草兰花生长于深林之中，不会因为无人欣赏而不散发芬芳；君子修身养性，不会因为生活贫穷而改变气节。

【道理】
　艰难困苦，玉汝于成。越是困难的时候，越能够考验人的品德修养。

孔子困于陈蔡

　孔子周游列国，在蔡国待了三年都得不到重用。这时楚昭王向孔子提出了邀请，于是孔子想要率领众弟子前往楚国。陈、蔡两国的大夫得知这个消息，很是吃惊，他们怕楚国因重用孔子而变得强大起来，从而威胁到自己。于是陈、蔡两国联合发兵，把孔子和他的弟子们围了个严严实实。

　孔子和弟子们与外界完全断绝了联系，没有粮食，最后连野菜也吃完了，很多人因此病倒了。孔子知道弟子中很多人有怨言，便把子路叫到跟前，问："是不是我们的学问不对头，要不怎么会沦落到这个地步呢？"子路早就心存疑虑，迫不及待地说："我以前就听过一句古话，为善者天报之以善，为恶者天报之以祸。老师您天天讲仁义道德，我们却处处碰壁，不知是我们仁德不够，还是智慧不够呢？"孔子呵呵笑道："如果有仁德就能让人信服，伯夷、叔齐就不会饿死；如果有智慧就可以行得通，那么比干就不会被挖心。博学而没有机遇的人多了，怎么会只有我孔丘一人呢？"子路忍不住又问："既然这样，您为什么还要讲求仁义四处奔波呢？"孔子想了想，说："芝兰生于深林，不以无人而不芳；君子修其道德，不为穷困而改节。至于结局如何，那就听从命运的安排吧。"

孔子认为，做人应该像芝草兰花一样，不要因为无人欣赏身处困境而改变气节。孔子用这样的话语激励处于困境中的弟子，帮他们调整心态，而自己却依旧传道授业、弹琴唱歌，终于等来了救兵，顺利渡过了难关。

明·戴进《关山行旅图》

讳疾忌医，掩耳盗铃。

【注释】
略。

【译文】
怕别人知道自己的病，就不敢去看医生；害怕别人听见铃铛声，就堵上自己的耳朵去偷盗。

【道理】
因为害怕被批评就不敢正视自己的缺点和错误，那只能是逃避现实、自欺欺人。

讳疾忌医

扁鹊是战国时候的名医，有一天他去见蔡国的国君桓公，端详了对方的气色以后，说："大王，您得病了。现在还只在皮肤表层，如果马上治疗，很快就会好。"蔡桓公不以为然地说："我没有病，用不着你来治！"扁鹊走后，蔡桓公对左右说："这些当医生的，成天想给没病的人治病，好用这种办法来证明自己医术高明。"

过了十天，扁鹊再去看望蔡桓公。他着急地说："大王，您的病已经发展到肌肉里了，可得抓紧治疗啊！"蔡桓公把头一歪："我根本就没有病！你走吧！"扁鹊走后，蔡桓公又很不高兴。

又过了十天，扁鹊再去看望蔡桓公。他看了看蔡桓公的气色，焦急地说："大王，您的病已经进入了肠胃，不能再耽误了啊！"蔡桓公连连摇头说："见鬼了，我哪来什么病！"

　　再过了十天，扁鹊再一次去看望蔡桓公。可是这一次他只是远远地看了一眼蔡桓公，立马掉头就走了。蔡桓公心里好生纳闷，就派人去问扁鹊："您为什么掉头就走呢？"扁鹊说："病在皮肤表层，可以用热敷；病在肌肉里，可以用针灸；病到肠胃里，可以吃汤药。但是，现在大王的病已经深入骨髓，病到这种程度只能听天由命了。所以，我也不敢再为大王治病了。"

　　不久之后，果然如扁鹊所说，蔡桓公病发，不治身亡。

清·戴熙《清泉空亭图》

有容德乃大，无欲心自闲。

【注释】
　　容：宽容。
【译文】
　　宽厚容人，品德才能显得高

尚；没有贪欲，才能心平气和。
【道理】
　　做人要宽容，豁达大度。

韩魏公宽容大度

　　北宋仁宗年间，韩琦被任命为枢密使，掌握全国军政大权。由于他勤于职守，政绩卓著，后来被英宗皇帝封为魏国公，人称韩魏公。韩魏公虽为高官，但待人宽厚谦和，深受属下爱戴。

　　韩魏公在大名当官的时候，朋友送给他两只玉杯。玉杯古色古香，玲珑剔透，年代久远却没有半点瑕疵。韩魏公对这两只玉杯简直爱不释手，平时把它们当作稀世珍宝一样倍加爱护，从不轻易拿出来示人。

　　有一天，一个好朋友从远方来拜访韩魏公。韩魏公非常高兴，举行盛大的欢迎宴会。席间，韩魏公兴致勃勃地拿出玉杯，一则让大家伙儿饱饱眼福，一则以玉杯劝酒，显示自己殷勤待客之道。刚刚开席不久，一个男仆不小心碰到桌子，玉杯落到地上，摔了个粉碎。满座客人无不大惊失色，人人都知道玉杯是韩魏公的心爱之物。男仆更是吓得面无血色，跪在地上发抖，嘴里不住地求饶。众人都将目光投向韩魏公，空气一下变得紧张起来。出乎大家意料的是，韩魏公神色自若，一点怒气都没有，平静地对客人说："世间万物的存在与毁坏都是有定数的，不可强求，看来这两只玉杯也是这样。"接着又安慰那个男仆说，"快起来，不是你的过错。你也不是故意的，何罪之有呢？"满座客人听后转忧为喜，都十分佩服韩魏公的胸怀。

明·唐寅《柳荫高士图》

字经三写，乌焉成马。

【注释】

略。

【译文】

字经过多次传写，"乌""焉"最后就变成了"马"。（繁体字 "烏""焉""馬"三字字形相近。）

【道理】

读书一定要有自己的思考，尽信书不如无书。

❖

晋师三豕涉河

子夏是孔子的学生，博学多艺，最得孔子真传。

有一次，子夏受命前往晋国。在途经卫国的时候，他看见一个读书人拿着本史书摇头晃脑，口中念念有词："晋师三豕涉河，晋师三豕涉河……"子夏听了，非常纳闷："晋国军队三只猪过河"，这是什么意思？凑近一看，那书上确实写着"晋师三豕涉河"。子夏想了很久，终于弄明白了其中的"玄机"："三豕"应当是"己亥"之误。己亥是中国传统的纪年法，晋国军队在己亥这一年过河，这就说得通了。"己"和"三"相像，"亥"和"豕"形近，书本经过多次传抄，"己亥"就变成"三豕"了。到了晋国，子夏找到晋国的史书，上面的确写着"晋师己亥涉河"，这证

左侧竖排：**增广贤文** 名句·治学篇

实了子夏先前的推论是正确的。

子夏就是这样不盲从，勤思考，终于成了中国历史上有名的大学问家。

明·文俶（chù）《花鸟图》

笋因箨落方成竹，鱼为奔波始为龙。

【注释】

箨（tuò）：竹笋上一片一片的皮。

【译文】

竹笋因为脱了外壳才能变成竹子，鱼儿因为奔波磨炼才能变化为龙。

【道理】

梅花香自苦寒来。要想成就一番大事业，必须经过艰苦磨炼和刻苦努力。

邴原有志于学

十一岁那年，邴原的父亲去世了，从那以后，他每天耕地放牛，砍柴打水，稚嫩的肩膀上不得不挑起生活的重担。

有一次经过学堂的时候，听到里面传出琅琅书声，小邴原站在那里一动不动，痴痴地听着，泪流满面。老师注意到这个奇怪的孩子，就问："你为什么这么伤心啊？"邴原擦了擦眼泪，哽咽着说："孤独的人容易伤感，贫贱的人容易多愁。我很羡慕其他的小孩子，有父母兄弟相伴，又能坐在课堂里读书。可是我幼年丧父，为了生活奔波劳碌，有心求学却不知门路。想到我就这样庸庸碌碌地虚度一生，不禁感伤。"老师问邴原："你为什么不来读书呢？"邴原答："家里穷，没钱交学费。"老师大为感动，对邴原说："你真有志向学，我免费教你读书！"

　　就这样，在老师的细心教导下，异常刻苦的小邴原学业大进，仅用一个冬天就学成了别人要一两年才能完成的学业。稍稍长大以后，邴原外出游学，足迹遍布大江南北。他先后拜陈留韩子助、颍川陈仲弓等人为师，虚心向他们请教。白天与老师切磋讨论，晚上就在昏暗的油灯下把一天的收获认认真真记下来，寒来暑往，一天也不放松。历经种种磨难，邴原却一直坚持学术理想，终于成为东汉最著名的学者之一。

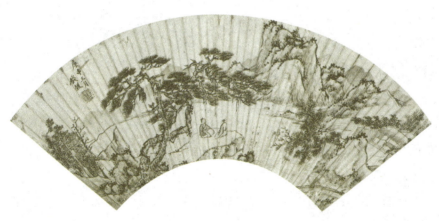

明·钱谷《松荫清话图》

读书需用心，一字值千金。

【注释】
略。

【译文】
读书时要认真用心，因为书里字字精妙，价值千金。

【道理】
读书一定要用心，仔细体会，否则无法领会其中的精妙处和作者的良苦用心。

引发洛阳纸贵的《三都赋》

西晋太康年间，大文学家左思写了一篇《三都赋》，在社会上引起了巨大的轰动。人们争相传抄这篇千古奇文，顿时洛阳城内的纸价因此而一涨再涨，到最后纸张竟然销售一空，不少人不得不从外地买纸抄写。所以，史书称《三都赋》一出，"洛阳为之纸贵"。

然而，人们可能不知道，这篇凝聚了作者无数心血的《三都赋》，其创作经历了十年之久，中间充满了不为人知的艰辛。左思不是一个特别聪明的人，小时候甚至因为长相丑陋和口吃被父亲瞧不起。但是，左思没有因为父亲的鄙视而一蹶不振，反而更加刻苦读书。

有一次，左思读到班固的《两都赋》，一下就被它华丽的文辞和宏大的气魄所折服，反复吟诵。但同时，左思也看出班固的文章存在华而不实的弊病，于是立志要写出超越《两都赋》的更伟大的作品。

为了完成这个伟大志向，左思遍读古书，四处走访，广泛搜集与魏、蜀、吴三座都城历史、地理、风土、民俗相关的资料。他在院子里、房间里甚至厕所里都放了纸笔，一想到好的句子就马上写下来。一年三百六十五天，时时刻刻都能看到他凝神思索的身影。十年辛苦磨一剑，《三都赋》一问世，便受到读书人的热捧，人人都夸赞左思文章字字千金。

清·王翚（huì）《秋山读书图》

45

> 青出于蓝而胜于蓝，冰生于水而寒于水。

【注释】

略。

【译文】

靛青是从蓼蓝里提炼出来的，但是颜色比蓼蓝更深；冰是由水凝结而成的，但是比水更寒冷。

【道理】

不要迷信权威，只要努力，一定可以后来居上，超越前人。

李谧后来居上

北朝时，北魏有个读书人叫李谧，他从小聪明好学，被人们称作"神童"。十八岁那年，李谧拜在小学博士孔璠门下，学习文字音韵学知识。孔璠非常赏识李谧，认为这个年轻人前途不可限量。

为了能够专心做学问，李谧多次拒绝了官府的征召，在杳无人烟的山崖下盖了一间小房子，不问世事，一心读书。经过数年的努力，李谧的学业突飞猛进，成为名噪一时的学术大师，聚众讲学，桃李满天下。

李谧曾经和太常卿刘芳探讨历代治乱兴衰的问题，刘芳被李谧的见解深深折服，感叹说："如果高祖早年遇到李谧，哪里还轮得到我做太常卿啊！"李谧被学界推崇如此，以至先前的老师孔璠也拜到他门下，虚心请教。大家为此感到不解，孔璠却说："李谧曾经是我的学生，然而青出于蓝却远胜于蓝，现在他已成为一流学者，学术造诣远远超过了我。自古以来，以能者为师，李君学识渊博，讲课条理清晰，常常使人有醍醐灌顶、豁然开朗之感，在他门下学习也是一种荣幸啊。"

李谧后来居上，孔璠以能者为师的故事传扬开后，人们给他们师生二人编了一首歌谣："青成蓝，蓝谢青，师何常，在明经。"

清·梅清《莲花峰图》

近水知鱼性，近山识鸟音。

【注释】

略。

【译文】

离水近了才能了解鱼的习性，离山近了才能熟悉鸟的各种声音。

【道理】

实践是检验真理的唯一标准。要获取知识，必须通过实践。

邓碧珊画鱼藻

邓碧珊，号铁肩子，清末江西人，"珠山八友"之一，以擅长在瓷器上画鱼藻而闻名中外。说起邓碧珊在绘画上取得成功的原因，除了个人勤奋好学之外，不得不提及他小时候的生活经历。

邓碧珊从小就在鄱阳湖边长大，打鱼、钓鱼，鱼儿几乎成了他生命中的一部分。天天和鱼儿打交道，使得邓碧珊对鱼儿的生活习性和体貌特征非常了解，连带着对鱼藻也有了深刻的了解。他知道：水流偏急的地方，鱼藻长得粗壮，水流偏缓的地方，鱼藻长得纤细；鲤鱼喜欢栖息在粗藻里，鳜鱼喜欢在细藻里游泳，而金鱼喜欢在狮子藻里面游戏，等等。正是有了这些长期在生活中细心观察得到的知识，邓碧珊笔下的鱼藻，才能栩栩如生、真实动人，深受人们喜爱。

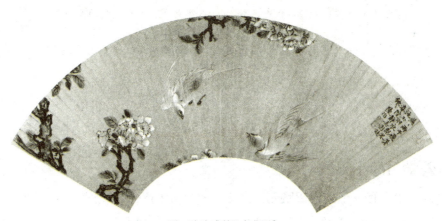

明·陆治《梨花白燕图》

> 好学者如禾如稻，不好学者如蒿如草。

【注释】

蒿（hāo）：泛指野草、杂草。

【译文】

喜欢学习的人像稻子、谷子，会结出饱满的果实；不喜欢学习的人像野草，虚度一生而无所收获。

【道理】

喜欢学习、追求上进的人，最终会学有所成。

爱学习的小太监

北齐有一个人叫田鹏鸾，迫于生计，十四五岁就进宫当了太监。尽管地位十分低下，工作又非常辛苦，田鹏鸾却十分好学，一有空就抓紧时间读书，遇到不懂的地方就四处求教。当时的文林馆是个学者云集的地方，田鹏鸾每次跑到文林馆都气喘吁吁的，顾不上喝水，也不说其他的话，一门心思请教读书中遇到的问题。文林馆的学士们都很喜欢这个聪明好学的小太监。田鹏鸾很喜欢读古人讲气节、重义气的故事，每当读到此类故事就十分激动，赞叹不已。渐渐地，田鹏鸾的好学打动了当朝皇帝，齐后主赐他名为"敬宣"，提拔他做侍中开府。

后来，北齐被北周所灭，齐后主逃到了青州。随行的田鹏鸾受命外出侦查北周的动静，结果被北周军队抓获。北周将领问齐后主在什么地方，田鹏鸾骗他们说："后主已经跑了，恐怕已经不在北齐了。"北周将领不信，对他严刑逼供，企图使他屈服。但是无论北周军施以怎样的酷刑，田鹏鸾都没有招出齐后主的下落。

颜真卿读了田鹏鸾的故事后，感叹道："一个小太监尚且能够通过学习成为忠义之臣，北齐的有些将相连田鹏鸾这样的太监都不如！"

清·潘恭寿《黄叶诗意图》

十年窗下无人识，一举成名天下知。

【注释】
略。

【译文】
十年埋头在窗下苦读，都没有人认识；一旦金榜题名，天下人都知道你了。

【道理】
读书不是一蹴而就的事情，只有持之以恒地努力学习，才能取得成功。

苏秦苦读拜相

苏秦是战国时期洛阳人，早年间学习纵横之术，到秦国游说，吃了闭门羹，扫兴而归。由于缺少盘缠，雇不起马车，苏秦一路走回洛阳，到家的时候像个叫花子。家里人谁也不理睬他，连嫂子都不给他做饭，苏秦遇到的只有鄙夷的眼光。

然而苏秦没有灰心，他认为游说不成功，主要是自己书读得太少的缘故，于是回家后就没日没夜地用起功来。苏秦读书，常常废寝忘食，彻夜不眠。有时读得太累了，眼皮都睁不开，但一想到在游说各国时所受到的冷遇以及家人的冷嘲热讽，于是他又继续读下去。可是，过了一会儿，眼皮又合在了一起。他生自己的气了，索性拿来一把锥子，狠狠地朝大腿上刺了一下。这一招果然有效，剧烈的疼痛彻底赶走了睡意。他也顾不上疼痛，聚精会神地读下去，不知不觉天就亮了。

　　功夫不负有心人，一年之后，苏秦学有所成，带着"联合六国对抗暴秦"的新主张出使列国，受到各国君主的热情欢迎，并请他出任"纵约长"，掌管六国外交。于是苏秦身挂六国相印，名闻天下。

清·禹之鼎《西郊寻梅图》（局部）

画虎画皮难画骨，知人知面不知心。

【注释】
  略。

【译文】
  画老虎的时候，很容易画出它的皮毛，却画不出它的骨骼；了解一个人的时候，很容易了解他的外表，却难以了解到他的内心。

【道理】
  谨慎交友，不要被表面现象所蒙蔽。

易牙谄媚齐桓公

  易牙是齐国的御用厨师，他见齐桓公爱好美味，便使出浑身解数，每天变着花样满足国君的口腹之欲，深受齐桓公信赖。作为一个御厨，易牙对于味道有惊人的鉴别力。孔子说过，如果将淄水、渑水两条河中的水混合起来用，易牙也能够分辨出来，可见易牙味觉之灵敏。除了精通做饭烧菜，易牙还特别善于察言观色，揣测主子的喜、怒、哀、乐，对国君处处逢迎。在齐桓公眼里，易牙绝对是天底下头一号大忠臣。

  然而，易牙"忠心耿耿"的外表下，却隐藏着一副蛇蝎心肠。管仲早就看透了这一点，临终前一再劝齐桓公远离易牙。但齐桓公一意孤行，对易牙宠信有加。

公元前643年，齐桓公病重，躺在病榻上已是奄奄一息。平时总在鞍前马后献殷勤的易牙终于露出了真面目，他非但自己不去看望齐桓公，还联合其他同党，封锁宫门，禁止所有人出入，导致齐桓公在饥寒交迫中离开人世，死后七十多天还不得下葬，尸体腐烂，臭气熏天，惨不忍睹。

清·李鱓《花鸟果蔬》（二）

君子之交淡如水，小人之交甘以醴。

【注释】

醴（lǐ）：甜酒。

【译文】

君子之间的交往像清水，因为平淡而能长久；小人之间的交情像甜酒，因为味道甘美而容易败坏。

【道理】

朋友交往，应当志趣相投，而不该带有太多的功利性的目的。

薛仁贵与王茂生

薛仁贵年轻时，与妻子住在一个破窑洞中，衣食无着落，全靠邻居王茂生夫妇的接济，生活才得以勉强维持。后来，薛仁贵参军，跟随唐太宗李世民南征北战，立下汗马功劳。当薛仁贵被封为"平辽王"时，前来王府送礼祝贺的文武大臣络绎不绝，可都被薛仁贵婉言谢绝了。

薛仁贵唯一收下的是普通老百姓王茂生送来的两坛美酒。一打开酒坛，负责启封的执事官吓得面如土色，因为酒坛中装的不是美酒而是清水！"启禀王爷，此人如此大胆，竟敢戏弄王爷，请王爷重重地惩罚他！"岂料薛仁贵听了，不但没有生气，而且命令执事官取来大碗，当众饮下三大碗。在场的文官武将不解其意，薛仁贵喝完三大碗清水之后说："我过去落难时，全靠王兄弟夫妇经常资助，没有他们就没有我今天的荣华富贵。如今我不收厚礼、不受美酒，却偏偏要收下王兄弟送来的清水，因为我知道王兄弟贫寒，送清水也是他的一番美意，这就叫君子之交淡如水。"此后，薛仁贵与王茂生一家关系甚密，"君子之交淡如水"的佳话也就流传了下来。

明·周臣《柴门送客图》

交友不宜滥，滥则贡谀者来。

【注释】

滥：泛滥。贡：进献。谀：阿谀，奉承。

【译文】

交友不要太泛滥，否则阿谀奉承的小人就会拥过来。

【道理】

交朋友要谨慎，尤其注重考察对方的人品。

苏东坡交损友

苏东坡是我国历史上伟大的文学家、书画家。他生性豪爽，喜欢结交朋友。在他眼里，上自朝廷大员，下至山野村夫，全天下没有一个是坏人，都可以成为朋友。他好友成性，没想到因为择友不慎，"朋友"成了他下半生的噩梦。

章惇是苏东坡在陕西凤翔为官的时候结交的朋友。章惇当时只是个商州令，在与苏东坡的交往中，不拘俗礼，很对苏东坡的脾气，两个人一见倾心，成了好朋友。然而路遥知马力，日久见人心。王安石变法以后，苏章二人因为政见不合，成了两个阵营里的人。章惇权势越来越大，心胸却越来越狭隘，而苏轼偏偏天性不拘小节，言语多有冒犯，这让章惇心生不满。后来苏东坡因反对变法，受到排挤，一再受到朝廷的贬谪。作为曾经的朋友，章惇此时不但没有伸出援手，反而落井下石，多次劝皇帝惩治苏东坡。据说苏东坡在惠州的时候写了一首诗，其中的"为报诗人春睡足，道人轻打五更钟"，写出了他在逆境中的闲适和快乐。诗传到了京师，心胸狭窄的章惇看后，不想苏东坡活得如此快活，于是劝皇上降下圣旨，把苏东坡流放到更远的昌化，让苏东坡吃尽了苦头。

宋·苏轼《李白仙诗》

贫贱之交不可忘，糟糠之妻不下堂。

【注释】

糟糠：原指酒糟、米糠等穷人用来充饥的粗劣食物，后来比喻曾经共患难的妻子。堂：指正房。

【译文】

富贵时不能忘记贫贱时的知心朋友，更不要抛弃患难与共的结发妻子。

【道理】

做人不能忘本，特别是不能忘记曾经与自己共患难的人。

陆孟昭不忘旧友

明朝有一个叫陆孟昭的官员，乐善好施，心地善良。有一次他送客人出门，刚转身要回家的时候，发现大门旁边有一个乞丐，衣衫破烂，在寒风中瑟瑟发抖。陆孟昭对这个乞丐产生了怜悯之心，忍不住上前询问乞丐姓甚名谁，家在哪里。经过一番询问，陆孟昭做梦也没有想到，眼前这个穷困潦倒、朝不保夕的乞丐，竟然是自己少年时很要好的一个伙伴。陆孟昭大喜过望，顾不得乞丐满身污渍，上前一把拉住他的双手，满含热泪地说道："真没想到，时隔多年我们竟然还能见面！"他马上带朋友回家，让其沐浴更衣，介绍给家人。从那以后，陆孟昭每天与老友把酒言欢，住则同床，出则同车。很快一个月的时间就过去了。

　　每天在陆府白吃白喝，那个朋友觉得十分不好意思，于是向陆孟昭告辞。陆孟昭见挽留不住老友，就领着他来到一所宅院前，说："既然你执意不愿待在我家，那你就在这里住下吧。"原来，陆孟昭考虑得十分周到，早早地给朋友置办了一处房产，里面日常生活用品一应俱全。最后，他又把十两黄金交到朋友手中，语重心长地说："希望你以后勤俭持家，千万不要再铺张浪费啦！"

　　陆孟昭不弃旧友的故事很快就传遍了街头巷尾，人们纷纷称赞他有侠义之风。

清·冷枚《梧桐双兔图》

酒逢知己饮，诗向会人吟。

增广贤文

名句·交友篇

"越女"诗坛觅知音

唐代中期，有一个名叫朱庆余的浙江举子进京赶考。当时社会上流行着一种"温卷"的风气——士子在考试前，把写好的诗文投献给当时的文化名流，借助他们的力量以引起文坛的重视。朱庆余也不例外，他把事先写好的一组诗呈献给了诗坛领袖——水部郎中张籍。这个才华横溢的年轻人的清新诗作一下子引起了张籍的注意，尤其是那首充满了小女儿情态的《近试上张水部》："洞房昨夜停红烛，待晓堂前拜舅姑。妆罢低声问夫婿，画眉深浅入时无？"聪明的张籍很快就看破了其中的玄机——这个年轻人把自己比喻成将见公婆的新娘子，想探询一下他的诗风是不是合乎主考官的口味。张籍不愧为诗坛领袖，当即和诗一首："越女新妆出镜心，自知明艳更沉吟。齐纨未足人间贵，一曲菱歌敌万金。"张籍在诗中不仅夸赞朱庆余才华横溢，而且巧妙地回答了他的疑问：如今不流行齐地纨（白色细绢）那种锦上添花的华丽繁复，一曲菱歌的清新灵动才是当下的风尚。朱庆余明白了张水部隐藏在诗里的含义，一颗悬着的心终于落了下来。他发奋用功，顺利通过了当年的考试，取得了功名。

张籍和朱庆余诗歌酬唱，互相引为知己，他们的故事也成为文坛佳话，久传不衰。

鲜味繁华事散逐香尘
流水无情草自春日暮东风怨啼
鸟落花犹似坠楼人

明·佚名《千秋绝艳图》（局部）

路遥知马力，日久见人心。

【注释】
略。

【译文】
路途遥远，才能看出一匹马的力气大小；天长日久，才能看出一个人的心地好坏。

【道理】
人心真伪，需要经过长时间的考验，才能显出真实面目。

齐貌辨忠心事主

战国时期，齐国相国田婴门下聚集了一大批宾客。其中有一个人叫齐貌辨，他懒懒散散，不拘小节，无论对谁都是一副无所谓的神态。大家都认为这是个没出息的人，极力劝说田婴把他赶走。田婴没有听从众人的意见，坚持把齐貌辨留在家中。

过了几年，齐威王驾崩，齐宣王即位。因为田婴和宣王不和，再加上有人诬陷田婴有谋反之心，齐宣王便迁怒于田婴。为了自保，田婴辞去了相位，并离开了国都，前往封地——薛地。正所谓日久见人心，宾客们见田婴失了势，便不顾旧日的情分，纷纷离开田家，寻找新的主子去了。倒是那个惹人讨厌的齐貌辨却忠心耿耿地伴随在田婴身边，来到薛地。齐貌辨知道主人含冤受辱，一心想助田婴洗雪沉冤。有一次，他冒着掉脑袋的危险来到齐宣王跟前。齐宣王没好气地说："你不就是那个深受田婴喜欢和信任的齐貌辨吗，你来这里干什么？""田婴喜欢我倒是不假，但是他不听我的话。"齐貌辨侃侃而谈，"当大王您还是太子的时候，我曾劝田婴，'太子的长相不好，脸颊那么长，眼睛又没有神采。这种脸相的人最不讲情义，不如废掉太子，另立卫姬的儿子郊师为太子。'田婴执意不听我的建议。楚昭王愿意用几倍的土地来交换薛地，我认为这买卖很划算，田婴却丝毫不为所动，他说不能因为一时蒙冤就出卖国家。田婴忠心耿耿，一心为国，没想到却落到这种下场，真是叫天下人心寒啊！"

齐宣王听罢，才知道田婴对自己是如此重情重义，对国家是如此尽忠职守，不觉长叹一声："没想到田婴对寡人如此忠诚，寡人错怪他了，你愿意为我接回田婴吗？"

就这样，齐貌辨冒着生命危险，不惜丑化自己，以卓越的口才和过人的胆识最终帮助田婴恢复了相位。

清·黄慎《伯乐相马图》（局部）

道吾好者是吾贼，道吾恶者是吾师。

【注释】

贼：对人有害的人。

【译文】

一味吹捧我的人是对我有害的人，能指出我不良行为的人才是我的老师。

【道理】

良药苦口利于病，忠言逆耳利于行。我们要分清好言与恶语，才能得到长足发展。

程长庚不怕喝倒彩

程长庚是我国历史上最负盛名的京剧表演艺术家之一。早在同治、光绪时期，他就已经声名赫赫，名动京城，深受戏迷和票友的喜欢。

有一次，程长庚在戏园子里演出的时候，同往常一样，台下观众的叫好声、喝彩声响成一片。这样的场面，对于当时已经红透半边天的程长庚来说早已司空见惯。在他唱到最得意的地方时，台下更是掌声雷动，群情激动，程长庚感到非常受用。然而就在这时，却有一丝不和谐的声音传到他的耳朵里："不好，还不够好。"程长庚还是第一次听到这种评价，不由得心中一冷。他坚持着把戏唱完，并留心观察批评的声音出自什么人。终于演出结束了，程长庚草草卸妆，马上来到观众席找到那个批评自己的人，请他到茶馆品茗聊天。经过交谈，程长庚发现对方的见解非常精辟，一针见血地指出了自己存在的问题，当即和那人结下了朋友之谊。

从此以后，程长庚在演出的时候，不仅关注鲜花和掌声，更关注那些喝倒彩批评自己的声音，并从这些意见里不断汲取营养，使自己的表演达到炉火纯青的地步，最后成为京剧奠基人之一。

清·王翚《仿范宽秋山萧寺图》

知己知彼，将心比心。

【注释】
　略。

【译文】
　了解自己，了解他人，用自己心中所想衡量别人心中所想。

【道理】
　凡事都要学会换位思考，设身处地地为他人着想。

陈谏议偿值取马

北宋初年，陈谏议养了一匹顽劣的马，性情暴躁，很难驾驭。家里人多次试图驯服它，结果不是被咬伤就是被踢伤。

有一天，陈谏议来到马厩，发现那匹马不见了，就问仆人："那匹马哪里去了？"仆人说："翰林大人把它卖给了过往的商人。"

仆人口中的翰林大人就是陈谏议的儿子陈尧咨。陈谏议赶忙把儿子叫来，说："咱们家那么多人都没能把那匹马驯服，那些商人怎么能把它驯好？万一出事，你就是把祸害转嫁给别人啊！"陈谏议立刻命令仆人去把那匹马追了回来，并把钱如数退还给人家。陈谏议告诫家人："从此以后，谁也不许再提卖马的事，这匹马就在我们家老死！"

这件事很快就传开了，朝野上下都称赞陈谏议是忠厚长者，大有古人遗风。

元·任仁发《出圉图》（局部）

钱财如粪土，仁义值千金。

增广贤文

名句·处世篇

【注释】
略。
【译文】
钱财就像粪土一样不值钱，仁

义却贵如千金。
【道理】
在金钱和仁义的取舍上要保持清醒的头脑，万万不可利欲熏心。

冯谖买仁义

冯谖是孟尝君的一个门客，其貌不扬，不受孟尝君重用，其他门客也不太喜欢他。有一天，孟尝君举行集会，选拔熟悉账目的人到薛地收债。冯谖自告奋勇，愿当此任。孟尝君也同意了。临行前，冯谖问孟尝君："收完债，买些什么回来？"孟尝君说："你看家里缺什么就买什么吧。"

于是冯谖带着债券驱车前往薛地。冯谖一到薛地，就召集当地百姓，当着大家的面把所有债券烧得干干净净，还说孟尝君已免除了他们的债务。百姓看到这一情景，感激涕零。

冯谖回到都城复命。孟尝君问冯谖："先生给我买了什么回来？"冯谖回答："我看家中什么也不缺，想来想去我决定给您买仁义。"孟尝君问："买仁义，怎么讲？"冯谖答道："薛地虽然不大，可那是您的封地。您应当爱护百姓，不应靠剥削他们来发财。所以我以您的名义烧了债券，豁免了百姓的债务。百姓对您感恩戴德。这就是我买的仁义。"孟尝君听了，很不高兴，但事已至此，只好算了。

后来孟尝君得罪了齐王，被贬往薛地。薛地百姓听说孟尝君回来了，于是扶老携幼，出城迎接。孟尝君见到人山人海的场面，不禁感慨万千，说道："冯谖先生为我买仁义，今日我才明白其中的真正含义啊！"

清·萧晨《杨柳牧归图》

人而无信，百事皆虚。

【注释】

略。

【译文】

人如果没有诚信，那么将一事无成。

【道理】

无论做人还是做事，都应讲究诚信。

商鞅立木取信

商鞅在秦国实施变法，已经起草了一系列的法令。商鞅担心百姓因不信任他而使法令得不到遵守，变成一纸空文。于是，商鞅想到了一个办法：叫人在都城最热闹的南大门立了一根长木头，并贴出告示：谁能把这根木头扛到北门，就可以得到黄金十两。很快，立木头的地方就被围了个水泄不通。围观者的脸上都写满了怀疑，大家议论纷纷："扛这样一根木头就能得十两黄金，商君是在拿我们开玩笑吧。"时间过去了很久，可没有一个人上前去扛那根木头。商鞅想：重赏之下，必有勇夫。于是他把赏金提高到了五十两。人群中间产生了不小的骚动，一个年轻人大步上前："我来试试，大不了就是白费点力气！"说完，他把木头扛起来就走，一直扛到北门。商鞅立刻派人兑现了五十两赏金的承诺。围观群众在惋惜的同时，也把这件事传遍全国。自此秦国百姓相信商君言而有信，说一不二。

　　由于有了民众的信任，轰轰烈烈的变法运动取得了空前的成功。秦国由边陲小国一跃成为战国时的霸主，商鞅可谓功不可没。

清·梅清《山水册页》（之四）

良药苦口利于病，忠言逆耳利于行。

【注释】
略。
【译文】
好药大多味苦，却能治病；忠言大多不怎么好听，却对我们的行为有帮助。
【道理】
一个人要勇于接受批评意见，吸取大家的智慧，才能在前进的路上走得更远。

樊哙张良劝刘邦

公元前207年，刘邦率领大军以破竹之势大败秦军，占领咸阳城。当刘邦来到秦王王宫，发现里面奇珍异宝堆积如山，美女佳丽不计其数，直看得他眼花缭乱、目瞪口呆，一步也不想离开。樊哙看到刘邦痴痴呆呆的样子，知道他动了心，就问："主公是想得天下呢，还是就想做一个富翁？"刘邦说："我当然是想得天下。""那您就不要贪恋眼前这些珍宝、美女，它们就是秦王朝灭亡的祸根！还请主公离开咸阳，屯兵霸上。"刘邦不听，樊哙找到了张良，请他来劝说刘邦。张良来到刘邦近前，毫不留情地说道："秦始皇暴虐无道，所以主公你才有机会站在这里。一个打着替天行道旗号的人是不应该贪财好色的，否则他与暴虐无道的君王没什么两样。良药苦口利于病，忠言逆耳利于行，我劝主公还是听从樊将军的建议，速速移师霸上。"张良一番话如当头棒喝，敲醒了刘邦。刘邦于是封存秦宫珍宝，移师霸上。

樊哙和张良的劝谏，恰似开给刘邦的一服苦口良药，不仅治病，而且救人。因为如果再晚一点撤离的话，刘邦也许就成了西楚霸王项羽的刀下之鬼，更不要谈什么开创三百年大汉雄风了。

清·蒋廷锡《清供图》

君子不可貌相，海水不可斗量。

【注释】

略。

【译文】

不能从相貌上判断一个人是不是君子，就如同海水不能用斗来衡量一样。

【道理】

要真正认识一个人，不应该以貌取人，而应该听其言，观其行，考察他的才学和品行。

孔夫子以貌取人

孔夫子一生阅人无数，可是他也有看走眼的时候。孔子就说过这样一句话："以貌取人，失之子羽"，这是怎么回事呢？

原来子羽是孔子的一个学生，复姓澹台，名灭明，字子羽。孔子刚见到子羽的时候，发现这个学生长得太丑了，就先入为主地认为子羽没什么才能，起了轻视之心。子羽没有在意老师的态度，而是虚心请教，一心向学。学业完成后，子羽就回到家乡，而孔子也渐渐把这个丑学生给忘了。

有一年，有个从楚国人来看望孔子，孔子就问道："在你当官的地方，有没有什么品行高尚的人啊？"那人答道："有一个叫澹台灭明字子羽的人，为人正直，品行端庄，在民间口碑极好。据说他走路只走大路而不走小径，不是因为公事从来不到官府去。"孔子听闻此言，想起子羽正是自己曾经教过的学生，怅然若失，觉得子羽是品德高尚的真君子，自己以貌取人实在是太轻率了。

　　子羽在南方讲学，追随的弟子有三百多人，成为儒学在南方传播的重要力量。子羽本人也因为崇高的学术地位被后人列入孔门七十二贤之列。

明·夏昶（chǎng）《淇水清风图》（局部）

许人一物，千金不移。

【注释】

许：允许，许诺。移：改变。

【译文】

东西既然已经答应送给别人，即便再给千金也不能改变。

【道理】

一言既出，驷马难追。做人应当言而有信，懂得一诺千金的重要性。

季札献剑

春秋时期，吴国公子季札奉命出使晋国。路过徐国的时候，受到徐国国君热情款待。席间，徐君注意到季札身上佩戴的一把宝剑，心里十分喜欢，又不好开口索要，总是情不自禁地朝它观望。季札明白徐君的心意，只是出使大国，宝剑是身份的象征之一，暂时不能相赠。季札心里暗想：等我办完事情之后，一定把宝剑送给徐君。

然而世事无常，当季札完成出使任务又路过徐国的时候，徐君已经去世。季札来到郊外徐君的墓前，把剑挂到树上。随从非常疑惑，就问季札："徐君已经过世了，您将宝剑挂在这里，又有什么用呢？"季札说："当日路过徐国，徐君没有明说，但我已经看出他对宝剑的爱慕之情，那时我就决定把宝剑送给他了。如今他虽已去世，我不献剑，即是欺骗自己，君子不会为爱惜一把宝剑而自欺。"季札对着徐君的坟墓拜了又拜，返身离去。

后来，人们为了纪念此事，在季札挂剑处修建"季子挂剑台"，并创作了《徐人歌》歌颂季札："延陵季子兮不忘故，脱千金之剑兮带丘墓。"

清·冷枚《养正图》（之二）
周成王"桐叶封侯"，以示"天子无戏言"。

得宠思辱，居安思危。

【注释】
略。
【译文】
受宠了要想到受辱的时候，安定的时候要想到可能出现的危难。

【道理】
居安思危，深谋远虑，是一个人成功的必备条件。

李沆居安思危

北宋真宗年间，宋朝和契丹缔结了澶渊之盟，两国罢兵，实现了短暂的和平。文武百官奔走相告，互相庆贺。宰相李沆却忧心忡忡："两国停战，当然是好事。然而边患既已平息，恐怕皇帝的奢侈之心也会因此逐渐滋生。"副相王旦听后，笑着说："李大人，你也太悲观了。"李沆回答说："居安思危，方能无危。"

于是，李沆仍然每天择取一部分水旱灾情和盗贼的情况向皇上报告。王旦认为不应让皇帝为这些小事担心，李沆却说："我这样做的目的，是让皇上了解四方百姓的苦难，让他常备不懈勤于政事，让他明白打天下容易，守天下难。否则他会沉溺于声色犬马，祭神拜佛，大兴土木，那么我们大宋王朝就岌岌可危了。我百年之后，请你在皇上身边多加劝说，不然，你将来迟早会为此忧虑的。"

李沆死后，王旦尽管忠于职守，但没有像李沆那样劝谏宋真宗。宋真宗果然认为天下太平无事，大兴土木，讲经说道，乐此不疲，宋朝的国力一天一天地衰弱下去。

清·冷枚《养正图》（之九）
唐玄宗时，宰相韩休常直言进谏，以至于玄宗在宫中宴乐唯恐韩休知晓。

千里送鹅毛，礼轻仁义重。

【注释】

略。

【译文】

不远千里送人鹅毛，礼物虽然

轻微，情义却很深厚。

【道理】

如果饱含深情，再小的礼物，
也会让人惊喜不已。

缅伯高千里送鹅毛

有一天，唐太宗在大殿上接受西域回纥国特使的朝贺。特使的名字叫缅伯高，只见他神色紧张，颤颤巍巍地拿出一个精致的绸缎小包，打开一看，里面是几根鹅毛和一首小诗。群臣哗然，以鹅毛作为礼品，简直是对天朝的侮辱！太宗皇帝示意百臣安静，看缅伯高作何解释。

原来缅伯高的国君为了表示对大唐朝的拥戴，给太宗皇帝贡献了一对天鹅，由缅伯高作为特使专程护送。在路过沔阳河的时候，缅伯高见天鹅脏兮兮的，就想给它们洗个澡。谁知一不留神，作为贡品的天鹅竟然挣脱众人之手，向远处飞走了。慌乱之中，缅伯高只抓下了几根鹅毛。天鹅飞走了，后悔也没有用，缅伯高只好硬着头皮来见太宗皇帝，于是就出现了先前的一幕。

增广贤文

名句·处世篇

"天鹅贡唐朝，山高路途遥。沔阳河失宝，倒地哭号啕。上复圣天子，可饶缅伯高。礼轻情意重，千里送鹅毛。"唐太宗念着缅伯高写的诗，看着眼前雪白的鹅毛，深切感受到了回纥国君民的情义，连忙说："千里送鹅毛，礼轻情意重，难能可贵，难能可贵！"

元·陈及之《便桥会盟图》（局部）
东突厥颉利可汗原计划进犯长安，遇见前来制止战争的唐太宗。颉利见唐军军容整齐，心生惧意。不久，双方在便桥会盟，颉利引兵而去。

渴时一滴如甘露，醉后添杯不如无。

【注释】

略。

【译文】

干渴的时候一滴水也像甘露一样，酒醉后就不要再添杯了。

【道理】

与其锦上添花，不如雪中送炭，在别人最需要帮助的时候伸出援手。

吕蒙正对联讽世

古时候，流传着这样一副对联：上联是"二三四五"，下联是"六七八九"，横批是"南北"。一年除夕，一个叫吕蒙正的也写了此联贴于自家门上。吕蒙正是一个穷困潦倒的读书人，对联中缺衣（一）少食（十），横批中没有"东西"，是他一家生活的真实写照。吕蒙正夫妻二人栖息在一座四面透风的破窑里，吃了上顿没有下顿，日子十分清苦。贫居闹市无人问，亲戚朋友们生怕吕蒙正会缠上自己，像躲瘟神一样，避之唯恐不及，更不用说周济他们了。吕蒙正的岳父是个有钱人，可是他心肠像铁打一般，眼看着女儿女婿遭罪，从来没有可怜过他们。吕蒙正夫妇走投无路，只好当附近的寺庙敲开饭钟吃饭时，去讨些斋饭，勉强度日。时间久了，庙里和尚对他们也心生厌恶，想了个坏主意捉弄他们：吃过了饭才敲开饭钟。吕蒙正听到钟声赶到的时候，锅里只剩下清亮的洗锅水。吕蒙正空手而归，与妻子抱头痛哭。

但是吕蒙正身处贫贱，却没有被生活的残酷吓倒。虽然饥寒交迫，吕蒙正从来没有放弃过努力读书。因为他深深地知道读书是改变命运的唯一机会。皇天不负有心人，几年之后，吕蒙正在科举考试中一举夺魁，成为当年的状元。从此以后，吕蒙正做高官骑骏马，生活富足起来。原来那些亲戚朋友纷纷登门拜贺，连当年庙里的和尚都送来了贺礼。落魄之时无人问，显贵之日尽攀亲，吕蒙正深感人情冷暖，世态炎凉，又一次提笔书写对联贴于门上：旧岁饥荒柴米无依靠，走出十字街头，赊不得借不得，许多内亲外戚袖手旁观，无人雪中送炭；今科侥幸吃穿有指望，夺得五经魁首，姓亦扬名亦扬，不论张三李四踵门庆贺，尽来锦上添花。

对联贴出来，那些趋炎附势想来沾光的人满脸羞愧，灰溜溜地走了。

明·蓝瑛《泉壑秋晴图》（局部）

水至清则无鱼，人至察则无徒。

【注释】

察：苛察，精细。徒：门徒，徒众。

【译文】

水太清了就没有鱼，人太精细了就不会有朋友。

【道理】

用人的艺术，在于放大对方的优点，宽容对方的缺点。

曹操烧信拢人心

汉献帝建安五年（200），曹操和袁绍在官渡对峙，许攸献计，偷袭袁军粮草得手，曹操大获全胜。

清点战利品的时候，曹操把金银珠宝、绸缎布匹都赏赐给了下属，将士们欢欣鼓舞。这时有人给曹操递上一捆书信，说是从袁绍那里搜出来的。见书信下面很多人都笑不出来了，因为那里面有他们与袁绍私通的铁证。曹操是何等精明的人，一看就知道这些信是怎么回事："怎么办？"有人说："拆开一一核对姓名，私通袁绍者，杀无赦。"曹操听了，哈哈大笑："众将放心，当袁绍强大的时候，我自己都不知道能不能打败他，更何况是你们！烧掉、烧掉，过去的账一笔勾销！"

曹操在用人上已经达到了炉火纯青的境界，他深知人至察则无徒的道理，这一次"难得糊涂"为他换来了许多人的以死相报。

清·恽寿平《花卉图册》（之四）

近水楼台先得月，向阳花木早逢春。

【注释】

略。

【译文】

靠近水边的楼台，能先看到月亮的倒影；靠近太阳的花木，能够提前迎来春天。

【道理】

要成就事业，应该善于利用有利因素。

苏麟献诗

范仲淹是北宋著名的文学家和政治家，他知人善任，正直无私，曾经向朝廷推荐过很多优秀人才。

据说，范仲淹在担任杭州知府期间，提拔了很多青年才俊，使他们各得其所，人尽其才。其中便有一个叫苏麟的年轻人，他在杭州一个属县当小官，自认为满腹经纶，苦于遇不见伯乐赏识自己，心里非常苦闷。

有一回，苏麟因为公事来见范仲淹。苏麟心想：这可是千载难逢的好机会，一定要想办法让知府大人了解自己的能力和才学。可是怎样才能引起他的注意呢？苏麟冥思苦想很久，终于想出一个办法：写了一首意境优美、别具匠心的诗呈给范仲淹。范仲淹读罢，不住称赞，尤其里面"近水楼台先得月，向阳花木易逢春"之句，更是让人拍案叫绝。反复吟咏之后，范仲淹明白了苏麟藏在诗里的小心思：看似写楼台写花木，实际却暗含着身居外地难以受到自己赏识的苦闷。

范仲淹领会了苏麟隐藏在诗中酸酸的心思，又派人仔细考察，发现苏麟确实德才兼备，于是给朝廷写了一封信，保举苏麟担任了一个合适的官职。

明·陆治《花卉图册之———牡丹绣球》

两人一般心，有钱堪买金，一人一般心，无钱堪买针。

【注释】

一般：一样。堪：能够，可以。

【译文】

两个人一条心，就能够赚到买黄金的钱；一个人一条心，连买针的钱都凑不齐。

【道理】

三个臭皮匠顶个诸葛亮。只有齐心协力，才能取得成功。

鸟的故事

从前，有一个捕鸟师在草泽里布置了一张大网，里面放上许多鸟食，在一旁等候贪吃的鸟儿来自投罗网。不一会儿，大鸟小鸟成群结队地来到这里享受大餐，全然不知道危险就在身边。捕鸟师等到时机成熟，迅速收网，这一大群鸟全被罩住，无一漏网。这时，只见其中一只大鸟力大无比，振动双翅，试图把网托起；其他同伴看到了一线生机，均振动双翅，齐心协力冲向天空。于是奇迹出现了：这群鸟儿托着罗网腾空而起，飞上了天空。捕鸟师见状大惊，一路追赶，直跑得大汗淋漓。旁边不时有人提醒他："鸟在天上飞，你在地上追，怎么可能追得上，真是个笨人！"捕鸟师只说了一句"我自有道理"，便不顾别人的嘲笑，继续追赶。太阳快要落山了，这些鸟儿都要回巢，可是它们有的住在山上，有的住在湖边，有的要往西飞，有的要往东走，意见不统一了。于是罗网之内乱作一团，不一会儿，罗网连同众鸟就一起落到地上。捕鸟师抓起罗网，带着战利品高高兴兴地回家了，而这群鸟儿则成了捕鸟师的盘中美味。

宋·佚名《樱桃黄鹂图》（局部）

忍得一时之气，免得百日之忧。

【注释】

略。

【译文】

如果能忍受一时怒气，就可避免长久的忧烦。

【道理】

退一步海阔天空，不要因为逞一时之能，为自己招致更大的麻烦。

韩信忍辱

汉朝大将韩信，年轻的时候家里很穷，他不愿意一辈子埋首于田间地垄种地，也不想像别人那样经商赚钱，所以经常连饭都吃不上，周围的人都瞧不起他。可是韩信却是个胸有大志的人，不在乎别人怎么看自己。

有个屠户看不惯韩信那副过于自信的样子，一直想找个机会当众羞辱他。这一天，屠户远远地看见韩信走过来，就对旁边的朋友说："你们别看韩信长得高高大大的，平时喜欢佩刀带剑的，其实是个中看不中用的胆小鬼，不信我们试试看。"于是屠夫和他的朋友拦住韩信，轻蔑地说："小子，你要是不怕死，就拿剑刺我；要是怕死，就从我胯下钻过去。"面对突如其来的侮辱和挑衅，韩信怒火中烧，恨不得马上一剑刺过去。可是转念一想，我韩信是有远大理想的人，何必跟这等市井无赖计较而招致不必要的麻烦呢。于是他一声不吭，俯下身子，从屠户的胯下钻了过去。周围的人哄然大笑，韩信却拍拍灰尘若无其事地走开了。

后来，韩信成了三军统帅，帮助刘邦打败项羽，建立了大汉王朝。韩信因为功勋卓著，被封为楚王，衣锦还乡。这时候他找到了当年侮辱过自己的屠户，大家认为韩信一定是要报复这个人。可谁也没有想到的是，韩信非但没有报仇算账，反而让他在地方上当了一个小官。或许，在韩信的心里，当年的胯下之辱正是他不断进步获得成功的动力源泉吧。

清·吴历《山水图册》（之四）

有意栽花花不发，无心插柳柳成荫。

【注释】

略。

【译文】

有意识地栽花，花不一定开放；无意插下的一根柳条，可能会长成枝繁叶茂的大树。

【道理】

有些时候，过分执著反而得不到，一个无心的举动却会有意想不到的收获。

意外的状元

明朝成化年间，殿试刚刚结束，大学士彭时想把自己的同乡刘震点为状元。一个太监知道此事，就半开玩笑地说："又点江西状元，难道只有你们江西人才能当状元吗？"彭时是个老实人，听见有人这样说，为了避嫌，就召集大家再次讨论，最终这个状元点到了吴宽的身上。

吴宽的这个状元虽说得来很意外，却也在情理之中。吴宽自幼刻苦好学，才华出众，很早就考上了秀才。可是后来连续几次考试，却都名落孙山，于是他心灰意冷，决定不再参加科举考试了，只想一心埋首读书。

吴宽的文章写得很好，他曾经为一个士大夫写过一篇《听鸟轩记》，文辞优美，书法更是漂亮。主人将它悬挂在客厅里，没想到被提学使陈选看到了。陈选反复玩味，对其书法、文章都赞赏有加，一定要见见这位作者。见面之后，陈选发现眼前的吴宽学识渊博，谈吐不凡，心里喜欢得不得了，再三劝说他一定要参加考试。盛情难却，吴宽只好应考，结果就有了前面的一幕。真可谓有心栽花花不发，无心插柳柳成荫。

明·项圣谟《大树风号图》

一言既出，驷马难追。

【注释】
　　驷马：同拉一辆车的四匹马。
【译文】
　　一句话说出去了，四匹马拉的

车子也追不回来。
【道理】
　　既然许诺，就要践诺。

退避三舍

　　晋文公重耳当国君之前，曾在国外流亡。经过楚国的时候，楚王认为重耳大有前途，于是待他以国君之礼。重耳觉得楚王为人不错，于是两个人成了好朋友。

　　有一天，楚王设宴招待重耳。吃到酒酣耳热处，楚王突然问："如果有一天你当上了晋国的国君，你怎么报答我呢？"重耳略微想了一下，答道："假如我当上晋国国君，两国不得已开战时，我们晋军就主动退后九十里。如果还不能获得原谅，再行开战。"楚王听罢，哈哈大笑。

　　后来，重耳果然当上了国君，晋国在他的治理下渐渐强盛。公元前633年，楚王感到强大起来的晋国是一种威胁，于是派兵攻打。两军对垒的时候，晋文公对部下说："当年我受过楚王的照顾，曾经承诺，如果两国开战，我军主动后退九十里，今天我当信守承诺。"于是他命令军队主动后撤九十里。楚军见晋文公主动后撤，以为重耳胆小怕事，于是长驱直入，气焰更加嚣张。晋文公见战事不可避免，只好开战。好在晋军训练有素，作战英勇，很快就把目空一切的楚军杀得落荒而逃。这就是历史上著名的城濮之战。

晋文公信守诺言，退避九十里还能够大败楚军，赢得周天子和其他诸侯国的尊重。不久之后，晋文公召开诸侯大会，订立盟约，成为春秋五霸之一。

唐·韩幹（传）《神骏图》（局部）

物极必反，器满则倾。

【注释】
　　器：容器，器具。倾：倒。
【译文】
　　事情发展到极致，就会朝相反的方向发展，器具装的东西太满就

容易倒下。
【道理】
　　任何事情都不要过度，否则过犹不及。

愚人吃盐

　　从前，有一个头脑不太灵光的人，大家都叫他愚人。有一次，愚人去做客，主人精心烹制了一桌子美味佳肴款待他。只见他吃了几口菜，就皱着眉头说："您做的菜看上去很好看，就是没有什么滋味。"主人尝了一口，觉得味道可口，自言自语：难道他嫌菜肴的味道太淡了？于是主人吩咐下人在每一道菜里都加了一些盐。等菜再端上来时，愚人大呼好吃，忙问主人："您刚刚在菜里放了什么东西，怎么一下子变得这么好吃？"主人告诉他，没放什么特别的东西，只是放了一些盐而已。愚人一副恍然大悟的样子，一边尽情享受着美味，一边暗暗念道："都说盐是百味之祖，看来果然名不虚传。食物之鲜美，完全都是盐的作用啊，加那么一点，便这般美味，多加一些

岂不是更加好吃！"于是，愚人回到家以后，就什么东西也不吃，一天到晚总是空着肚子拼命地吃盐。这样一来，他不仅没能吃出食物鲜美的味道，反而丧失了味觉，酸甜苦辣也尝不出来了。

　　盐本调味品，过度食用，反受其害。天下之事莫不如此，恰到好处时美妙无比，一旦过头就物极必反，哪怕是好事也会给弄得很糟。

明·沈周《蕉荫琴思图》

> 远水难救近火，远亲不如近邻。

【注释】
略。

【译文】
远处的水救不了近处的火，紧急情况下远方的亲戚不如近处的邻居能提供及时的帮助。

【道理】
一个人无论是在生活中还是在工作中，都要注意搞好周边的人际关系。

犁钼说鲁穆公

战国时期，鲁穆公为了自己国家被攻打的时候能找到帮手，把儿女们送到了楚国和晋国作为使者，以增进友谊，却和邻近的齐国老死不相往来。

鲁国有个叫犁钼的大臣对鲁穆公说："鲁国有个人掉进河里，马上就要淹死了，岸上的人都说：'越国人最善长游泳，赶快派人到越国请人救命吧！'大王，依你看，这个人能救得活吗？"鲁穆公笑着说："这怎么可能救得活啊！越国离我们这么远，就是越国人再善长游泳，等他们赶到了，河里的人也早就淹死了。"

犁钼又问："如果鲁国国都发生了火灾，有人说：'海里的水最多，大王赶快派人到海里去取水救火吧！'你看这样能扑灭大火吗？”

　　“这怎么行呢，等到取来了海水，国都不都烧光了吗？”鲁穆公急忙反对道。

　　“是啊，”犁钼说，“这就叫作‘远水难救近火’啊。现在晋国和楚国虽然都很强盛，可是都远离鲁国；齐国是我们邻近的大国，而大王你却不愿和齐国结交。如果鲁国一旦有难，晋国和楚国都救不了咱们啊！”犁钼一席话说完，鲁穆公才恍然大悟。

宋·佚名《春游晚归图》

同君一夜话，胜读十年书。

【注释】
略。

【译文】
和您谈一次话，收获比十年读书所得还要多。

【道理】
要学会倾听，善于抓住学习的机会，一次谈话或许可以让你受益终身。

隆中对策

东汉末年天下大乱，各路英豪揭竿而起，卖草鞋的没落贵族刘备也拉起一支人马，希望在这乱世中能成就一番大事业。十几年来，刘备东奔西走，屡吃败仗，连个落脚的地方都没有。当他流落到新野的时候，有人向他举荐人称"南阳卧龙"的诸葛亮。当时处于人生低谷的刘备当然不会放弃任何一次机会，带着关羽、张飞两兄弟三顾茅庐，诚邀诸葛亮出山。诸葛亮被刘备求贤若渴的诚意打动，答应出山辅佐刘备复兴汉室基业。二人在隆中有一次著名的谈话，即为隆中对策。

刘备虚心请教："方今天下大乱，奸贼横行，民不聊生，我空有澄清天下之志，却无德无能，以至于沦落至此，还望先生指条明路！"诸葛亮早年留心天下大事，此刻早已胸有成竹，答道："现在曹操拥兵百万，挟天子以令诸侯，占尽先天优势。孙权割据江东，地势险要，民众归附，兵多将广，只可联合，不可攻打。荆州自古以来是兵家必争之地，刘表昏庸，不能守土，将军可以据为己有。益州和汉中沃野千里，物阜民丰，守将昏庸懦弱，不得民心。将军您是皇室宗亲，名闻天下，如果占据荆州、益州，对内发展生产，安抚民众，对外孙刘两家结盟，三足鼎立之势就形成了。一旦天下有变，荆州、益州两路兵马同时北伐，汉室复兴就指日可待了。"诸葛亮的一番精彩论述，让刘备心中豁然开朗，感觉比数十年的征战生涯全部所得还要多。

有了诸葛亮的倾心辅佐，刘备简直如鱼得水，烧赤壁，借荆州，占益州，最后建立蜀汉政权，开创了三分天下的局面。

宋·佚名《三顾茅庐图》

害人之心不可有，防人之心不可无。

【注释】
　　略。
【译文】
　　伤害别人的想法不可以有，但防备他人的想法却不可以无。
【道理】
　　做人要心地善良，不可存害人之心，殊不知害人者终害己。

婆罗门害人自害

　　有一次，释迦牟尼走在街上，遇到了一个婆罗门（古代印度的僧侣贵族）。那个婆罗门平生不喜欢佛教，对佛教徒百般无礼，极尽侮辱之能事。今天见到佛祖，分外眼红，于是他蹑手蹑脚地绕到释迦牟尼背后，趁其不注意，抓起一大把沙土就向他头上扔去。说时迟，那时快，就在沙土扔出去的一瞬间，迎面吹来一阵风，沙土全扬到了自己脸上。那个婆罗门十分狼狈，想发作又无法开口，气得满脸通红。街上的人看到刚才发生的一切，都盯着他、嘲笑他。面对这么多锐利的目光，婆罗门简直无地自容，羞愧难当，恨不得找个地缝钻下去。这时，他耳边响起了释迦牟尼平静而洪亮的声音：“如果想污染清净的东西，或者想陷害心无邪念的人，反而会伤了自己。”听了这番富有哲理的话，那个婆罗门恍然大悟，从此不再处心积虑地危害别人了。

清·佚名《菩提叶罗汉全册》（之五）

　　释迦牟尼在菩提树下悟道成佛，因此寺院常栽种此树，也有以其叶片书写经书或作画。此画即画于菩提叶上。

岂能尽如人意，但求无愧我心。

【注释】
　略。

【译文】
　办事哪能让所有人都满意，只

要自己问心无愧就行了。

【道理】
　我们无法左右别人怎么评价自
己，只要做到心中无愧就可以了。

许敬宗巧对唐太宗

　　唐朝许敬宗，博文广识，擅长修史，与房玄龄、杜如晦等一起被称为"秦府十八学士"。

　　有一次，唐太宗李世民听到有人对许敬宗的才能很怀疑，就问许敬宗："我认为大臣之中，只有你德才兼备，但有人却不这样认为，这是为什么呢？"

　　许敬宗回答说："春雨像油一样珍贵，农民喜欢它，因为它浇灌了庄稼；走路的人厌恶它，因为它使路上产生了泥泞。秋天的月亮像镜子一样，漂亮的女子喜欢它，因为它有明亮的光辉供人欣赏；盗贼怨恨它，因为月亮的光辉让他们行动不便。春雨、秋月尚且如此，何况我呢？"

　　"那我们怎么对待这些流言蜚语呢？"唐太宗问。

增广贤文

名句·处世篇

106

许敬宗说："我没有山珍海味来满足别人的口味，我也没有那么大本事实现所有人的心愿。凡事不能尽如人愿，但求无愧我心。因此别人说三道四我尽量不听，即使听了也不相信。此类言语，皇帝听信，大臣无辜受害；父亲听信，儿子蒙冤枉死；朋友听信，分道扬镳；乡邻听信，相互疏远。有些人的舌头像龙泉宝剑一样，说出来的话杀人不见血，望陛下慎重对待啊。"

清·冷枚《养正图》（之八）
唐太宗注重边疆防御，每日亲自带领数百人在宫中操练，数年后，这些人个个武艺精湛。

> 宁向直中取，不可曲中求。

【注释】

　　直：正当的手段。曲：歪门邪道。

【译文】

　　宁可用正当的手段去争取，不用歪门邪道来获得。

【道理】

　　君子爱财，取之有道，对利益的追求必须采用正当的方法。

陈良谟不走后门

　　明朝有一个读书人叫陈良谟，年轻时曾到江西广德书院游学。陈良谟读书用功，人又聪明，深受掌教张先生的器重。眼看又要到考试时间了，张掌教把陈良谟叫到跟前，对他说："马上就要考试了，如果不出意外的话，今年的主考官应该是归安的武大尹。我和这个人非常熟悉，不如我带你去拜见一下他，在他心中留下一个印象，这对你的考试非常重要。"

　　陈良谟是个很有骨气的人，他不好当面拒绝张先生的好意，心里却想：古人都说宁向直中取，不向曲中求。考得如何是各人能力的表现，用这种不正当的方式来谋求功名，只会让有识之士瞧不起。于是陈良谟以自己身体不适为借口，没有跟随张掌教去拜见武大尹，而是加倍地用功，发誓要靠自己的实力在考场上一鸣惊人。

　　功夫不负有心人，陈良谟在这一年的考试中发挥出色，取得了不错的名次。而主持本场考试的正是张掌教的熟人——归安武大尹。如果当初去拜见了这位考官，陈良谟的功名会被人非议，而武大尹的名节也会受到玷污，那才是双输的结果呢。

明·蒋嵩《听瀑》

兼听则明，偏信则暗。

【注释】

略。

【译文】

听取多方面的意见，使人明智；只听信一方面的意见，就会使人受到蒙蔽。

【道理】

要得到某件事情的真相，除了亲自调查，还要听取多方面的意见，才能做出正确的判断。

邹忌讽齐王纳谏

战国时期，齐国有个大臣叫邹忌，他身材高大，丰神俊朗。有一天，他对着镜子自我欣赏的时候，问妻子："我和城北徐公谁更帅呢？"他妻子不假思索，脱口答道："当然是您帅。"邹忌不大相信，又去问小妾和一位来访的客人，得到的答案都一样，于是不禁沾沾自喜起来。一天，邹忌终于见到了城北徐公，越看越觉得徐公俊美异常，回到家里再看看镜子里的自己，跟人家简直有天壤之别。为什么大家都说自己比徐公美呢？邹忌反复思索，终于明白了其中的道理："妻子赞美我，是爱我；小妾赞美我，是怕我；客人赞美我，是有求于我。"

于是，邹忌去见齐威王，说："我明明没有徐公帅，可是妻子爱我，小妾怕我，客人有求于我，他们都说我比徐公帅。同样的道理，看看大王您的身边，妃子和近臣爱你，朝中大臣怕您，百姓有求于你，由此看来，大王受蒙蔽一定很厉害了！"

齐威王听了，夸奖邹忌道："说得好！"于是就下令，悬赏重金，鼓励大臣、百姓直言进谏，指出自己的过失。一时之间，齐王宫前门庭若市，人们纷纷发表自己对时局、朝政的看法，齐威王因此得知很多以前不知道的真相。他从善如流，力矫时弊。就这样，齐国很快成为东方大国，燕国、韩国、赵国、魏国纷纷纳贡称臣。

明·唐寅《吹箫侍女图》

> 江中后浪推前浪，世上新人赶旧人。

【注释】

略。

【译文】

长江水总是后浪推涌着前浪，人世间也是年轻人在追赶着年老的人。

【道理】

新生事物总是在不断地战胜旧的事物，社会也是在这种新陈代谢中不断发展。

后生可畏

孔子游历列国，有一次驾车经过一地，看到一个小孩用泥土堆成一座城，自己则坐在里面。眼看孔子的车子要过来了，小孩也不准备给车子让路。孔子忍不住问："你为什么不避让车子？"小孩说："我只听说车子要绕城走，没有听说过城还要避车子的！"孔子只得让自己的车子绕过这座"城"。

孔子觉得小孩的话很有意思，于是又折返回来询问小孩的姓名，才知道他叫项橐（tuó）。孔子称赞道："你这么小的年纪，懂得的事理真不少呀。"项橐听了，却有些不高兴，就反问孔子："我听说鱼生下三天，就能在江海中潜游；兔子生下三天，就能在三亩地的范围内活动；马驹生下三天，就能跟在母马后面行走；人生下三个月就能认识父母。这些都是天地间的自然现象，有什么大惊小怪的呢？"

孔子不由感叹地说："真是长江后浪推前浪，我现在才知道少年人实在了不起，真是后生可畏！"

清·王鉴《溪亭山色图》（局部）

> 终身让路，不枉百步，终身让畔，
> 不失一段。

【注释】

畔：田界。

【译文】

一辈子给别人让路，也不过多走几百步；一辈子给别人让田界，也不过失去一小段田地。

【道理】

谦和宽让，以退为进，是一种高明的人生智慧。

六尺巷的故事

安徽桐城有一个有名的地方叫"六尺巷"，关于它名字的来历，有一个有趣的故事。

康熙年间，桐城出了个翰林学士叫张英，在朝廷任礼部尚书，人称张宰相。张英不仅学识渊博，而且为人大气，从不为一点小事斤斤计较。有一年，他老家翻修房屋，恰巧隔壁有一家姓吴的人家也在扩建住宅。不知道吴家人是无意还是有心，侵占了张家三尺地界。几次交涉，吴家人就是不认账。张家实在没有办法，就给张英写了一封信，想找他来主持公道。张英看完来信，微微一笑，马上提笔回信，交人带回去。

张家人满心欢喜地打开信，以为这下可以好好出一口恶气了。没想到纸上只有一首短诗："一纸书来只为墙，让他三尺又何妨。长城万里今犹在，不见当年秦始皇。"众人面面相觑，非常失望，又不敢违抗张英的意思，于是张家主动向邻家赔礼道歉，再也不提地界的事了。不久，吴家人知道了事情的缘由，十分感动："宰相如此大度，我们也要识相知趣才是。张家让出三尺地界，我们也让出三尺地界，就留出一条六尺宽的巷道吧！"从此，"六尺巷"之名便不胫而走，后竟成为游客寻访凭吊的胜地。

清·袁江《竹苞松茂图》（局部）

良臣择主而侍，良禽择木而栖。

增广贤文

名句·处世篇

【注释】

略。

【译文】

优秀的人选择合适的领导，就
像优秀的禽鸟会选择理想的树木。

【道理】

选择适合自己的单位，人尽其
才，才尽其用，才能实现双赢。

郭嘉择主

颖川郭嘉是三国时期著名的谋士，他聪颖异常，熟读兵书，很早就展示了非凡的智慧和才干。在田丰等人的推荐下，郭嘉在二十一岁那年投奔袁绍帐下。此时的袁绍正是如日中天的时候，人称"天下英雄"。他对年轻的郭嘉非常器重，礼敬有加。经过一段时间的观察，郭嘉发现，袁绍虽然想成就一番霸业，然而志大才疏，根本不懂用人，并且好大喜功，优柔寡断。这样的人难以和他共同成就大业。于是郭嘉做出了一个惊人的决定，在袁绍最辉煌的时候毅然选择了离开。

不久之后，曹操从荀彧那里得知郭嘉是一个聪明绝顶的旷世奇才，于是派人把郭嘉请到军营，畅谈天下大事。曹操被眼前这个年轻人深深地折服了，不住惊叹："能帮我成就大业者，非此人莫属！"

而交谈中，郭嘉认为曹操英明果敢，前途不可限量，高兴地说："只有这样的人，才能做我的主公！"于是郭嘉官拜司空军祭酒，成为曹操的首席谋士且备受信赖，军事才华得到充分的发挥。以后的十几年里，他随曹操南征北战，破吕布，征乌丸，在官渡之战中大败袁绍，屡献奇计，多次建功，为曹操统一北方立下了汗马功劳，死后被封为"郭贞侯"。

清·余穉（zhì）《花鸟图》（之五）

宁可人负我，切莫我负人。

【注释】

略。

【译文】

宁可别人辜负我，不可我辜负别人。

【道理】

胸怀宽广，心地善良，终将受人尊敬。

李沆以德报怨

北宋初年，有一个宰相叫李沆，平时言语不多，待人宽厚，深受人们喜爱。有一天，李沆家的两个下人逃跑了，他们是一对夫妻，只留下了一个年仅十岁的女儿。逃跑时两人还欠李沆很多钱，此刻却一走了之，全家上下对这种忘恩负义的做法非常气愤，他们建议把那个小女孩卖掉来还债。李沆看到小女孩楚楚可怜的样子，长叹一声，对夫人说："宁可人负我，不可我负人。把这孩子收作养女吧，就像对待我们自己的孩子一样。等她大了以后，再给她寻个好归宿。"于是，这个女孩就在李沆家里生活，穿衣吃饭和宰相的亲生儿女一样，长大以后由李家准备了嫁妆，风风光光地嫁了一个好人家。逃跑的夫妻后来知道这件事情，大受感动，重新回到宰相府里，勤勤恳恳，任劳任怨，希望以实际行动弥补以前犯下的过失，报答李沆的恩情。后来李沆病重的时候，他们甚至割下大腿肉做成肉羹，希望能够感动上天，使恩人的病情能够好转。李沆去世以后，他们夫妇俩又为之守丧三年。李沆以德报怨的义举最终得到了应有的回报。

清·戴本孝《松山茅亭》

> 既坠釜甑，反顾无益；已覆之水，收之实难。

【注释】

既：已经。釜（fǔ）：古代做饭用的锅。甑（zèng）：古代蒸饭的一种炊具。反顾：回头看，比喻反悔。

【译文】

釜甑已经掉地上（打碎了），再回头看也于事无补，恰似已经泼在地上的水一样，很难再收回来。

【道理】

事情已成定局，就不要再后悔感慨，人始终要向前看。

孟敏堕甑不顾

东汉的时候，有个叫孟敏的人，有一回他到集市上采买生活用品。当他挑着担子往回走的时候，一不小心，刚刚才买的瓦甑不小心摔到地上，成了一堆瓦片。旁边的人们不住叹气表示惋惜，孟敏看也不看继续赶路，就好像什么都没有发生过一样。这一切都被郭泰看在眼里。郭泰是当时公认的学界领袖，此刻正在太原教书授徒。他觉得眼前的事情很有趣，走上前去试探性地问孟敏："这么好的一个瓦甑，摔碎了多可惜，你怎么看都不看一眼呢？"孟敏的回答很干脆："再好的瓦甑，它已经摔碎了，看不看都于事无补了。"郭泰对孟敏的回答很满意——年轻人就应该果敢有魄力。通过交谈，郭泰觉得孟敏是个品行很好的人，稍加雕琢，日后必将大有作为，于是为他指引学术门径，推荐他四方游学。经过十年的努力，孟敏终于由一个无名之辈变成天下皆知的名士。

清·奚冈《松壑高贤》

一饭一粥，当思来处不易，半丝半缕，恒念物力维艰。

【注释】

恒：经常。维：语气助词，无实义。

【译文】

看到一碗饭一碗粥，都应当想到粮食来之不易；看到一根丝一根线，都应常常想到获取财物之艰难。

【道理】

爱惜一粒米、一根线，从生活中的点点滴滴做起，培养勤俭节约的好习惯。

奢侈宰相王黼

北宋末年，有一个名叫王黼（fǔ）的进士，特别善于投机钻营，巴结权贵，靠着蔡京、梁师成等人的举荐，在朝廷身居要职，深受皇帝宠幸。蔡京失势后，王黼当上了代理宰相，见风使舵，伪顺民意，赢得朝野上下赞声一片，不久官拜太傅，被封为"楚国公"。坐稳官位后，王黼便开始大肆搜罗美女和财宝，过上了纸醉金迷的糜烂生活。

仗着皇帝的宠幸，王黼越发骄纵，竟然暗地私通敌国，和北方的金国"眉来眼去"。不久之后，金兵大举南下，汴京危在旦夕，朝野上下一致认为王黼应该对金兵入侵负主要责任。就这样，独一无二的

"贤相"被贬官，抄没家产。王黼全家被关押在一座寺庙里，连续几天没人送饭，一家老小饿得头昏眼花，奄奄一息。庙里的和尚不忍心看着这一大家子人活活饿死，就给他们送来了救命的白米饭。看着这一群男女老少狼吞虎咽的样子，和尚感叹道："也许你们想不到吧，这些白米饭是从你们家厨房的排水沟里捞出来的，现在总算是物尽其用了。"

王黼非常惊讶，不明白老和尚为什么这么说。原来这座寺庙就在王家旁边，庙里的和尚发现王家厨房的水沟里每天都有许多雪白的饭粒流出。和尚们敬惜五谷，看不得好好的粮食被如此糟蹋，就把水沟中的饭粒全部捞出淘洗后晾干，然后存起来，久而久之竟然有整整一个仓库之多。奢侈宰相王黼做梦也没想到当年谁也没有放在眼里的剩饭，却救了全家上下数十口人的性命。

后来，王黼在流放的途中，被仇家追杀，最终落得个弃尸荒野、身首异处的悲惨结局，并且作为北宋"六贼"之一，永远地被钉在中华民族历史的耻辱柱上。

清·牟义《杂画册》（之三）

羊有跪乳之恩，鸦有反哺之义。

【注释】
　　略。

【译文】
　　羊羔吃奶时跪在地上，就像答谢母亲的养育之恩；小乌鸦长大后会衔着食物嘴对嘴地喂老乌鸦，直到老乌鸦死去。

【道理】
　　做儿女的就应该尽其所能孝敬老人。

老莱子戏彩娱亲

　　春秋时期，有个伟大的思想家叫老莱子，家住蒙山之阳。后来楚王听说老莱子很有才干，想请他出来做官，但老莱子认为做官是对生命的戕（qiāng）害，就带着一家老小搬到了江南居住。

　　老莱子是一个非常孝顺的人。他除了每天给父母准备好饭菜，还想尽办法来讨父母的欢心。虽然已经七十多岁了，他还经常穿着色彩鲜艳的衣裙，在院子里载歌载舞，就像一只翩翩欲飞的大蝴蝶，乐得父母在一旁合不拢嘴。

　　有一次，老莱子端着一碗水进屋的时候，不小心跌了一跤。他灵机一动，趴在地上又蹬又踹，撒娇似的哭起来，活脱脱一个小孩。坐在床上的母亲笑得东倒西歪地说："七十多岁的人了还像小孩一样，一点也不羞臊。"老莱子趴在地上，看见母亲似嗔实喜的情态，心里早就乐开了花。

宋·马和之（传）《唐风图——鸨羽》（局部）
树上栖息着两只大鸟，空中两只小鸟且飞且鸣，表现"不得养其父母"的哀怨之情。

由俭入奢易，由奢入俭难。

【注释】

　　奢（shē）：奢侈，过分享受。

【译文】

　　从俭朴到奢侈容易，从奢侈到俭朴却很困难。

【道理】

　　成由勤俭败由奢。人生活富裕的时候，也要保持节俭的生活习惯。

朴素宰相张知白

　　张知白是北宋天圣年间的宰相，精明强干，生活简朴，深受皇帝信赖。一般人眼里，宰相位居一人之下万人之上，家里必然是金碧辉煌，钟鸣鼎食。可张知白居住的房子破破烂烂，甚至不能遮风挡雨；吃的是粗茶淡饭，穿的是土布衣服，跟他在河南当小官的时候一样。亲戚朋友经常劝他："您每个月的俸禄那么多，而生活却如此简陋。了解您的人，说您生性节俭，不了解您的人，说您和汉代那个公孙弘一样沽名钓誉。"张知白长叹了一口气，说道："的确如此，以我今天的俸禄，想吃什么、想穿什么都能做到，可是谁能保证我一辈子都拿那么高的俸禄？人往往都是从俭朴到奢侈容易，从奢侈到俭朴就很困难。我一旦哪天拿不到这高的俸禄，而家人习惯了奢侈无度的生活，不能再过俭朴的日子，那他们怎么办？岂不要流落街头？与其那样，还不如平日里养成节俭的好习惯，哪怕有一天我死了，家人至少还能维持现在这种衣食无忧的生活水平。"

后来仁宗皇帝亲自来张家探望病重的宰相，看见张夫人穿着粗布衣服，宰相盖的被褥也破旧不堪，情不自禁流下眼泪。张知白死后，被赐谥号"文节"，史称张文节公。

清·翟大坤《秋江茅亭图》

父子和而家不败，兄弟和而家不分。

【注释】

略。

【译文】

父子之间和睦相处家业就不会衰败，兄弟之间和睦相处就不会分家。

【道理】

兄弟之间应该和睦相处，不应该为了一点财产而各奔东西。

紫荆树的故事

古时候，陕西西安附近有一户田姓人家，家中有兄弟三人。老父亲去世以后，兄弟几个就开始闹着要分家。老大田真是最不希望分家的，可是事情发展到这个地步，分家无法避免，于是就把老父亲留下的财产平均分为三份。兄弟几个对大哥的财产划分都没有什么意见，只有院子中那棵紫荆树让他们犯了难。原来这棵紫荆树是父亲年轻时栽下的，经过几十年的风雨，它已经枝繁叶茂，花开时满院飘香。经过激烈的争论，田真决定把树劈成三株，每人一株。第二天早晨，田真来到院中，眼前的景象让他大惊失色：昨天还好好的紫荆树突然死了，浑身就像被火烧过一样。死去的父亲显灵了，田真赶紧把兄弟们聚在一起，痛哭流涕地说："紫荆树本来是同根而生的，听说我们要把它劈成三株，所以憔悴而死。紫荆树尚且不愿分离，何况是我们兄弟呢？父亲也不主张我们分家啊！"于是兄弟三个决定不分家。说来奇怪，死去的紫荆树竟然奇迹般地复活了，而且比以前更加茂盛。田氏兄弟被紫荆树所感动，把家产聚在一起，重新生活在一起，成了远近闻名的忠孝人家，而且老大田真读书用功，考取了功名，官拜太中大夫。

清·张莹《同舟图》（局部）

夫妻相合好，琴瑟与笙簧。

【注释】

琴、瑟、笙、簧：均为古代乐器，琴瑟为弦乐，笙簧为管乐。

【译文】

夫妻之间和和美美，就像琴瑟与笙簧一样音韵和谐。

【道理】

夫妻之间应该互相恩爱，家庭生活才能幸福和谐。

相敬如宾

三国时，襄阳有个人名叫庞德公，学富五车，才高八斗，但他不愿意做官，甚至连城都不愿意进一趟。荆州刺史刘表请他出来做官，被他拒绝了。刘表就问："你不愿意出来做官，将来把什么留给子孙呢？"庞德公说："别人都把危险留给子孙，我把平安留给子孙。"

庞德公不仅为子孙着想，而且非常爱护和尊重妻子。他们夫妇二人隐居在岘山脚下，每天相伴，日出而作，日落而息，家中无论大小事情，两人都商量着办。他们之间和和气气，互敬互爱，从来没有吵过嘴或是红过脸。

有一次，荆州有个官员来庞德公家拜访，正好赶上德公不在家。庞德公的妻子恭恭敬敬地把客人招待至客厅坐下，便到厨房里准备饭菜去了。过了一会儿，庞德公回来了，他一跨进家门，什么都顾不上，便直接奔到厨房里帮妻子干家务活儿去了，完全没有看到家里还坐着一位客人。

因庞德公与妻子互敬互爱，他们就成为古代夫妻和睦的模范，千古流传。

清·王素《李靖与红拂女图》

祭而丰不如养之厚，悔之晚何若谨于前。

【注释】
略。

【译文】
在父母死后献上丰厚的祭品，不如在他们生前好好赡养，与其到时后悔，不如在他们生前就用心伺候。

【道理】
子欲养而亲不待。趁着父母在的时候，用心孝敬他们，不要留下无法弥补的遗憾。

皋鱼之恨

孔子和弟子周游列国，在路上看到有人哭得非常悲伤。经过打听，得知此人叫皋鱼。只见他披着麻布短袄，抱着镰刀，两只眼睛哭得红彤彤的。

孔子下车，问："你是遇到丧事了吗？"

皋鱼说："没有。"

孔子问："那你为什么哭得这么伤心呢？"

皋鱼说："我是为年轻时犯下的错误而哭啊！年轻时，我胸怀大志，用功读书，四处游历，梦想着建功立业和享受荣华富贵，希望有朝一日让父母过上锦衣玉食的生活。结果，在周游列国的时候，父母双双去世，我连最后一面都没有见到。现如今我事业无成，朋友们纷纷弃我而去，我想赡养父母，哪怕是给他们喂一口最普通的饭食也不可能了。想到这里，觉得实在生无可恋，让我从此告别人世吧。"于是站立不动，悲伤过度而死。

　　孔子动容地说："同学们应引以为戒，经历过这件事，你们应该知道怎么做了。"于是，学生里有十三个人辞别老师回家赡养双亲。

明·沈周《乔木慈乌图》（局部）
慈乌所栖地，乔木孝义家。
月明清露下，夜半听哑哑。

士者国之宝，儒为席上珍。

【注释】

　　士：古代"士、农、工、商"四民之一，后指读书人。儒：亦指读书人。

【译文】

　　士是国家的宝贝，儒生是席上最珍贵的人。

【道理】

　　知识就是力量。社会要想发展，一定要尊重知识，尊重人才。

齐威王以人为宝

　　有一次，齐威王和梁惠王在一起打猎。梁惠王就问："你们国家那么大，应该有很多奇珍异宝吧，说来听听。"齐威王说："我不太清楚。"梁惠王脸上不禁显出得意的神态："我们魏国虽然很小，却有十颗很大的夜明珠，每一颗的直径都超过一寸，可以照亮十二辆马车那么大的范围。齐国沃野千里，难道就没有宝贝吗？"齐威王就说："有，齐国当然有宝贝，不过我的宝贝同你的不一样。我有个大臣叫檀子，派他守南城，楚国人不敢入侵；我有个臣子叫盼子，派他守官塘，赵国人就不敢到黄河来打鱼；我有个臣子叫黔夫，派他守徐州，燕人就不敢越过徐州半步；我有个臣子叫种首，叫他防盗防贼，百姓路不拾遗，夜不闭户。这四样珍宝，其光照千里，何止十二辆马车的范围呢？"听了这番话，梁惠王面红耳赤，哑口无言。

历史证明，人才才是国家的宝贝。梁惠王拥有十颗夜明珠，国家却非常贫弱，屡屡遭别国欺凌；而齐威王知人善任，尊重人才，提拔重用田忌、孙膑等一批国宝级的人才，国家迅速强盛起来，成为战国七雄之首。

晋·顾恺之《列女图——卫灵公夫人识贤》（局部）

国乱思良相，家贫思贤妻。

【注释】
略。
【译文】
国家处在危乱的时刻希望出现良将，家庭贫困的时候希望有贤能的妻子。

【道理】
只有平时准备充足，才能从容面对重大变故。

魏文侯择相

魏文侯召见谋士李克，忧心忡忡地说："俗话说：家贫思贤妻，国乱思良相。我想在魏成子和翟璜中间选择一个人做相国，你看他们谁更适合呢？"李克说："大王无法决定，是由于您平时观察不够仔细。考察一个人，要看他平时亲近些什么人；有钱了要看他和什么人做朋友；当官了要看他推荐什么人；不做官时要看他哪些事不屑干；贫穷了要看他哪些钱不屑于拿。从这些方面观察，就可以准确评判一个人的德行和才干了。"魏文侯说："我知道该选谁做相国了。"

按照李克提供的"五项基本原则"，魏文侯重新审视魏成子和翟璜，最终让魏成子出任相国。魏文侯是怎么评价这两个人的，今天不得而知，或许从李克和翟璜的交谈中可以找到一些线索——

翟璜问李克："听说文侯找你商量选谁做相国，决定了没有？"李克说："魏成子。"翟璜气不过地说："我哪点不如魏成子？缺西河太守，我举荐西门豹，西河大治；攻打中山，我推荐乐羊，中山攻克；大王的儿子没有师傅，我推荐屈侯鲋（fù），世子品德日增。我为什么不可以做相国？"李克说："魏成子千钟俸禄，百分之九十用来招贤纳士，他所举荐的卜子夏、田子方、段干木三人，都成了大王的老师，而你所推荐的人都是大王的臣子。你怎么比得上魏成子呢？"

明·刘俊《雪夜访普图》（局部）
宋太祖赵匡胤雪夜访问功臣赵普，二人一边饮酒，
一边商定统一天下的大计。

牡丹花好空入目，枣花虽小结实成。

【注释】
　略。
【译文】
　牡丹花虽然好看但只能供人欣赏，枣花虽小却能结出甘甜的果实。

【道理】
　考察一个人，不应只注重外表。做事也是如此，要说实话，办实事。

刘伯温与卖柑人

刘伯温住在杭州的时候，有一次去市集买东西，看见有人在卖柑子。刘伯温很奇怪，现在不是柑子成熟的季节，怎么会有柑子呢？可是水果摊的柑子却光亮新鲜，好像刚从树上摘下来的一样。虽然价格很贵，刘伯温还是忍不住买了几个回去。

到家之后，刘伯温剖开柑子，发现里面只有干枯的柑核。刘伯温非常生气，拿着柑子去找水果商贩理论："明明柑子里面什么都没有，你为什么还拿出来骗人？"卖柑子的人不怒反笑："如今社会上骗子多的是，我跟他们比起来，不过是小巫见大巫罢了。那些佩戴着虎符、坐着虎皮靠椅威风凛凛的将军，难道他们真的懂得带兵打仗吗？那些穿着宽大朝服、气宇轩昂的文官，难道他们真的懂得治理国家吗？寇盗横行他们不能抵御，百姓困苦他们不会救助，官吏贪赃枉法他们不懂得处置，一个个住着华美的房屋，吃着山珍海味，骑着漂亮的高头大马，他们何尝不像我卖的这些柑子一样，'金玉其外，败絮其中'呢！"

刘伯温听了以后，觉得这个人说得确实有理，于是一声不响地走开了。

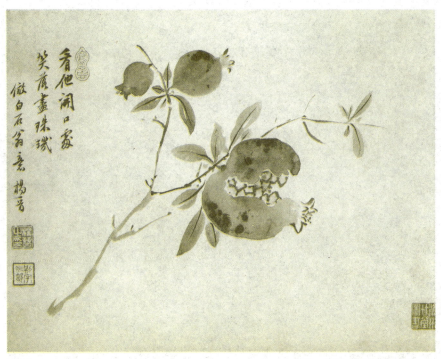

清·杨晋《花卉图》（之一）

勤学如春起之苗，

不见其增，日有所长；

辍学如磨刀之石，

不见其损，日有所亏。